Eine
Mallorquinische
Reise

MALLORCA 1929

Aus dem Englischen
übersetzt von
Hartmut Ihnenfeldt
und David Southard

Englischer Originaltitel:
Jogging Round Majorca

Verlagsgruppe Reise Know-How
Bielefeld/Hohenthann

Gordon West

Eine Mallorquinische Reise

MALLORCA 1929

Verlag Dr. Hans-R. Grundmann GmbH
Ganderkesee-Steinkimmen

IMPRESSUM

Gordon West
EINE MALLORQUINISCHE REISE
MALLORCA 1929

1. Auflage 1997

Titel der englischen Originalfassung:
Jogging Round Majorca
© 1929 Gordon West

für die deutsche Ausgabe:
© 1997 Dr. Hans-R. Grundmann GmbH
    Ganderkesee-Steinkimmen

REISE KNOW-HOW Verlag, Hohenthann

ISBN 3-89662-153-X

Herstellung

Titelgestaltung: Peter Michael Ard, Kasseedorf
                        Marc Schichor, Karlsruhe
Illustrationen: Stefan Theurer, Reutlingen
Satz: Uta Wilms, Hatten
Lektorat und Layout: Hans-R. Grundmann

Druck: SKN, Norden/Ostfrsld.

VORWORT

Im Jahre 1992 entdeckte der BBC-Redakteur *Leonard Pearcey* in einem Antiquariat in Oxford ein Exemplar eines 1929 geschriebenen Reiseberichtes mit dem Titel *Jogging Round Majorca*. Zufällig war er gerade von dort zurückgekommen, und die Insel hatte ihn bei diesem, seinem ersten Besuch sogleich in ihren Bann geschlagen. Ihn interessierte alles, was mit Mallorca zu tun hatte, und so kaufte er das etwas angestaubte Buch. Schon nach wenigen Seiten war er von der Lektüre fasziniert, und legte es nicht mehr aus der Hand, bis er es vollständig gelesen hatte.

Begeistert von Atmosphäre, Stil, Charakterzeichnungen und – insbesondere – vom feinen Humor des Autors beschloß *Pearcey*, dieses Reisebuch im BBC vorzulesen und es – über mehrere Folgen – einem breiten Publikum vorzustellen. Die Lesungen stießen auf eine derart positive Resonanz, daß ein Londoner Verlag zu einer Neuauflage motiviert werden konnte. *Jogging Round Majorca* wurde auf Anhieb zu einem Bestseller.

Bedauerlich ist, daß *Gordon West*, der Autor des Buches, nicht mehr in den Genuß seines späten Ruhmes kommen konnte. Er verstarb 1969. Wir wissen wenig über ihn und seine Frau Mary, die er liebevoll-ironisch seine "Fee der Freude" nannte. Dabei muß *Gordon West* in den 20er- und 30er-Jahren im öffentlichen Leben Englands eine bekannte Persönlichkeit gewesen sein. Die wenigen Informationen, die wir über ihn haben, verdanken wir den beharrlichen Nachforschungen von *Leonard Pearcey*, dem Wiederentdecker dieser reizvollen Reisebeschreibung.

Im Frühling des Jahres 1929 also machten sich *Gordon* und *Mary West*, aus London vertrieben vom kalten Regenwetter, auf den Weg, um die damals noch ziemlich unbekannte Mittelmeerinsel Mallorca zu besuchen und dort den in England vermißten Sonnenschein zu genießen.

Wenige Jahre zuvor hatte der bedeutende katalanische Schriftsteller *Santiago Rusiñol* bereits im Titel seines bis heute populären Romans Mallorca als *Insel der Stille* gepriesen und damit ein Schlagwort geprägt, das Folgen haben sollte. So wurde Mallorca bald, wenn auch zunächst eher bei Künstlern, Intellektuellen und Wohlhabenden, zu einem beliebten Reiseziel. Sichtbares Zeichen dafür war 1929 die Eröffnung des Luxushotels *Formentor* auf der gleichnamigen Halbinsel im Norden. Zufällig im selben Jahr, in dem die *Wests* ihre Erkundungsreise auf den Spuren *Rusiñols* antraten, dessen Werk sie offenbar kannten.

Sie fanden eine idyllische, unverfälschte Landschaft vor, begegneten freundlichen, aufrichtigen Menschen und verliebten sich in die Insel. Umso schwerer fiel es ihnen am Ende der Reise, ins regnerische London zurückzukehren.

Der Reiz dieses Buches liegt vor allem darin, daß es den Zustand Mallorcas in einer Zeit beschreibt, die – angesichts der Entwicklung der letzten 30 Jahre – in märchenhafter Ferne zu liegen scheint. Nichtsdestoweniger kann man auf Mallorca immer noch viel vom gleichen Zauber verspüren, dem die *Wests* vor nun fast 70 Jahren verfielen. Man muß sich dazu aber aus den urbanisierten Strandzonen und Regionen des Massentourismus herausbewegen und darf das – heute vielzitierte – *andere Mallorca* nicht nur durch die Scheiben eines Ausflugsbusses oder Mietwagens auf sich wirken lassen.

Hartmut Ihnenfeldt und David Southard
als Übersetzer

EINE MALLORQUINISCHE REISE
MALLORCA 1929

LOCKRUF DER SONNE

Wie unterschiedlich doch die Bewohner der Erde, die menschlichen, aber auch die anderen, vom ersten Strahl der Frühlingssonne beeinflußt werden!

Der besagte Strahl war ein sehr frühzeitiger, ins Leben gerufen, als die Bäume Londons immer noch Trauer um Persephone*) trugen, als noch keine einzige Knospe das Schwarz nicht einmal der kühnsten und entschlossensten Zweige durchbrochen hatte. Der Strahl drang durch ein Fenster in ein Zimmer, wo sich fünf Lebewesen aufhielten: ein Mann, eine Frau, eine treue Dienerin, ein Hund und eine gewöhnliche Hausfliege, die wie im Koma dalag.

Die treue Dienerin, die als erste auf den Sonnenstrahl reagierte, war gerade mit jenen geheimnisvollen Aufgaben beschäftigt, womit treue Dienerinnen ein Haus für die Herrin bewohnbar und für den Herren unausstehlich machen. Die unmittelbare Auswirkung des Strahls auf sie war, ihr zu offenbaren, daß sie einen ihrer heiligen Rituale vernachlässigt hatte, welchen wirklich treue Dienerinnen sonst immer sehr gewissenhaft ausführen. Die Nachlässigkeit kam ans Licht durch ihr eigenes freiwilliges Geständnis, sie hätte "die Ecken verschlampen lassen", woraufhin sie sich sehr energisch daran machte, sie zu "entschlampen", was wiederum den Hund ärgerte und den Mann zur Verzweiflung brachte.

Der Hund, um seiner Einstellung bezüglich des "Entschlampens" von Ecken Ausdruck zu verleihen, erhob sich mit müder Resignation, schaute ohne Hoffnung um sich herum und besah sich den Flecken Sonnenschein.

---

*) Anspielung auf eine Figur der griechischen Mythologie. Persephone, Tochter des Zeus und der Demeter, wurde von Pluto (Hades) geraubt und anschließend seine Frau. Seitdem weilt sie ein Drittel des Jahres in der Unterwelt und zwei Drittel des Jahres bei ihrer Mutter. Hier wird der jährliche Einzug der Persephone in die Unterwelt mit dem Beginn der dunklen Jahreszeit Herbst/Winter gleichgesetzt.

Plötzlich lief er zum offenen Fenster, hob seinen Kopf und schnüffelte heftig. Nachdem er ausgeschnüffelt hatte, drückte er seine Gefühle nach Hundeart aus und sprach ein einziges, aber ausdrucksvolles Wort: *Wau*.

Dann trabte er zur Tür und bettelte dermaßen darum, daß sie geöffnet würde, daß es auch das härteste Herz erweicht hätte. Als seinem Drängen schließlich nachgegeben wurde, rannte er mit Freuden hinaus und verschwand, obwohl die Tatsache seiner weiteren Existenz durch den unüberhörbaren Lärm, der immer mit der Jagd von Hunden auf Katzen verbunden ist, bald aufs neue belegt wurde.

Ob es das Gebell oder aber die Schwingungen waren, die durch das "Entschlampen" der Ecken entstanden, welche die Fliege aus ihrem Koma erweckte, steht nicht fest. Aus irgendeinem Grund aber war sie aufgestanden und wanderte über einen Tisch in den Flecken Sonnenschein, den der Sonnenstrahl entstehen ließ, und hielt dort inne, in tiefe Gedanken versunken.

Bald begann sie, Symptome körperlichen Wohlbefindens nach Fliegenart zu zeigen, indem sie die Vorderbeine in- und auseinander drehte, bis sie plötzlich die schimmernden Flügelchen summen ließ und gen Decke sauste, um dort ein Paradies in einer warmen Ecke oder vielleicht einen Ehemann oder welche Freude auch immer zu finden, die Fliegen in ihrem privaten Paradies zu suchen pflegen.

Es bleiben uns also der Mann und die Frau, die auch zum Fenster gingen, um den vollen Sonnenschein, wovon der Strahl nur ein kleiner Teil war, zu betrachten. Auch sie, genau wie Dienerin, Fliege und Hund, zeigten eine innere Unruhe. Der Mann sprach zu der Frau:

"Es ist Frühling."

"Stimmt."

"Mist!"

"Wieso?"

"Das gleiche alte Gefühl. Der Hund und die Fliege haben es, und ich habe es auch."

"Ja, ich weiß. Man möchte aus dem Alltag heraus, in die Sonne, auf zu Abenteuern, neuen Gesichtern und neuen Ideen, und neue Sachen sehen und hören und riechen und etwas Neues essen, um den Magen aus dem Gleichgewicht zu bringen. Also ... Laß uns doch!"

"Jetzt gleich?"

"Warum denn nicht? Gleich nächste Woche."

"Wohin?"

"Irgendwohin," sagte die Frau leicht träumerisch, die wir die *Fee der Freude* nennen werden, "an einen unberührten Ort, wo die Leute immer noch nichts von Sigmund Freud oder ähnlich verheerendem Intellektualismus wissen, wo den Menschen die Verbindung zwischen Reisen und Reichtum noch nicht aufgefallen ist, an einen Ort, wo ein Lächeln Herzlichkeit und nicht Habgier bedeutet, an eine Ecke Europas, wo die Leute so einfach und unverdorben sind, daß sie jemanden, den sie hassen, einfach umbringen und denjenigen, den sie lieben, ungehemmt umarmen."

"So eine Ecke", sagte der Mann, "hat es in Europa nicht mehr gegeben, seitdem Frau Cooks junger Sohn Thomas*) erwachsen wurde, heiratete und seine Familie abenteuerlustige Söhne großzog."

"Wir werden ihn trotzdem fragen", sagte die Fee. Sie suchten ihn (oder vielleicht einen seiner Söhne) auf und fragten, ob er so freundlich wäre, ihnen einige Ziele zu nennen, wohin er keine Pauschalreisen anbiete. Obwohl er sie anschaute, als ob er an ihrem Verstand zweifele, fand er nach längerem Suchen ein paar solcher Orte, fragte, ob diese ihnen reichen würden und ob das für heute alles sei.

---

*) Thomas Cook (1808-1892) gründete 1845 das erste Reisebüro in Leicester und war später Wegbereiter des Pauschaltourismus mit eigenen Hotels, Schiffahrtslinien, Bergbahnen, Banken und Reisebuchverlagen.

Einer dieser Orte nun war Mallorca, die größte der Baleareninseln im Mittelmeer, in der Antike *Pityusae* genannt, die Insel der Pinien. Ihre Bevölkerung besteht aus bodenständigen Bauern, die aus einer Mischung unterschiedlichster Völker hervorgegangen ist, unter ihnen die Karthager, Römer, Mauren und Spanier.

Ihre eigene Sprache, das *Mallorquin*, entstammt dem alten Katalanischen; Mallorcas Klima wird häufig als "ideal" bezeichnet, was bedeutet, daß es warm, sonnig und trocken ist, falls man sich dort in der warmen, sonnigen und trockenen Jahreszeit aufhält. Die Insel hat blaue Berge, fruchtbare Täler, Orangen- und Zitronengärten, und noch halten die Bewohner an vielen der althergebrachten Gewohnheiten und Traditionen ihrer Vorfahren fest.

Mit dieser paradiesischen Insel als Ziel brachen der Mann und die Frau also auf, angetrieben – wie der Hund und die Fliege – durch den ersten Sonnenschein. Sollten Sie aber, nachdem Sie diese Insel mit ihnen bereist haben werden, keinen Gefallen daran gefunden haben, dann geben Sie bitte nicht den beiden die Schuld für die Zeitverschwendung.

Schuld hat nur der Sonnenstrahl.

DER STRAFE ENTFLOHEN

Die ganze Welt weiß genau Bescheid über den Sonnenschein Nordeuropas: daß er ein trügerische Bursche ist, eine Fata Morgana, die ihre hoffnungsvollen Opfer immer tiefer in die Wüste hinein lockt, nur um sie dann zu verlassen, wenn sie ohne Ausweg im Treibsand gelandet sind. Dieser Eigenschaft treu blieb auch der milde Sonnenschein, der den Mann und die Frau (deren wahre Identität künftig durch die Begriffe "Wir" und "Uns" geschützt wird) hervorgelockt hatte.

Eines Morgens nahm uns die Victoria Station mit ihrem widerhallenden Wartesaal in Empfang; es war ein Morgen mit bleiernem Himmel, prasselndem Regen, eisigem böigem Wind, mit Regenmänteln, die vor Nässe glänzten, triefenden Regenschirmen, grauen Gesichtern und vor Kälte geduckten Körpern.

Zur Küste fuhren wir mit einem Zug, dessen Fenster vor Regen blind waren, und ein erster Blick zeigte uns, wie sehr das traurige Meer vom Sturm zu einem tobenden Weiß aufgepeitscht worden war. Auf eine Beschreibung der Leiden der darauf folgenden Reise werde ich verzichten, aber die Ankunft bereitete den etwa dreihundert gequälten Seelen eine Freude, die selbst der peitschende Regen nicht trüben konnte.

"Selbstverständlich", sagte hoffnungsvoll die Fee der Freude, "wird es aufgeheitert sein, bevor wir in Paris ankommen. Es ist oft so, daß es aufheitert, bevor man in Paris ankommt."

Aber in Paris, wo wir in aller Eile bekannte Lokale und alte Freunde besuchten, bevor wir am Quai d'Orsay in unseren Nachtzug stiegen, fegte der Regen immer noch durch die Straßen, und der kalte Wind drang auch durch den dicksten Wintermantel.

"Zweifelsohne", sagte die immer noch hoffnungsvolle Fee, "wird es schön sein, wenn wir weiter nach Süden kommen. Es ist immer schön, wenn man weiter nach Süden kommt."

Morgendämmerung, und der Garten Frankreichs wird immer noch vom Regen gepeitscht; am Mittag in der Stadt Carcassonne heißt es "Land unter"; um 14 Uhr sind die Pyrenäen durch das gnadenlose Strömen kaum zu sehen.

"Vielleicht," begann die Fee zögernd, "wird ..."

Ich gebot ihr entschieden Einhalt. "Laß uns keine falschen Hoffnungen mehr hegen, und rechnen wir lieber mit einem Orkan oder Schlimmerem auf der anderen Seite."

Dann fuhren wir in die Pyrenäen und die Dunkelheit eines langen Tunnels hinein, der nach Spanien führt. Trostlose Gedanken. Niedergedrückte Stimmung. Wir sind zu früh gekommen. Diese Fata Morgana hatte uns zu einer Reise

in den Süden verführt, der noch fest im Griff des Winters war. Just dann, als die Trostlosigkeit drohte, die Oberhand über uns zu gewinnen, geschah ein Wunder: Wir verließen den Tunnel und wurden von gleißendem Sonnenschein empfangen, in einem Land, dessen Straßen und Wege mit drei Zentimetern Staub bedeckt waren, wo seit einer Woche kein Tropfen Regen mehr gefallen war. Es war eine erstaunliche Verwandlung. Auf der einen Seite der Pyrenäen lag ein von Regen getränktes, auf der anderen ein durch Sonne gewärmtes und fast geblendetes Europa. Die Wolke der Trostlosigkeit löste sich auf, und wir traten dem spanischen Zoll mit erleichterten Herzen und offenen Koffern entgegen.

Daß wir es mit einem neuen Spanien, dem Spanien der Diktatur*) zu tun hatten, merkten wir gleich an der Grenzübergangsstelle Port Bou. Vorher hatte der Reisende seinen Paß behalten dürfen, aber jetzt mußte er ihn zwecks Überprüfung abgeben, um ihn nach einer halben Stunde wieder in Empfang zu nehmen, wobei ein Beamter das Photo im Paß mit dem Gesicht des angeblichen Inhabers vergleicht. Bei der Zollabwicklung fiel uns die neue Frage auf: "Tragen Sie irgendwelche Schußwaffen bei sich?"

Die gleiche Atmosphäre des Mißtrauens spürten wir bei der Ankunft in Barcelona, denn ausgerechnet diese Stadt ist immer ein unruhiger, rebellischer Brandherd des Aufstandes gewesen. Als wir uns das letzte Mal in Barcelona aufhielten, war die Luft mit dem Rauch der Bomben von Aufwieglern gefüllt. Jetzt, wo eine fähigere Regierungsmacht sie in Schach hält, spürt man deutlicher denn je, wie ihre unterdrückte Unzufriedenheit brodelt.

---

*) Militärdiktatur des Generals Primo de Rivera (1870-1930), der durch einen Staatsstreich gegen das vermeintlich übermächtige und unfähige Parlament im Jahre 1923 an die Macht gelangt war.

Als wir im kahlen, weißen Bahnhof in Barcelona ankamen, sahen wir viele Männer in hellen Uniformen, die allesamt in Posen strahlender Autorität herumstanden. Diese Männer sind aber weder Bahnhofsbeamte noch ein Begrüßungskomitee vom Rathaus, wie man vielleicht annehmen könnte; sie sind Polizisten und *Guardias Civiles*, die schwer bewaffnete Gendarmerie. Die Notwendigkeit der *Guardias* wird einem schon beim ersten Blick auf einen spanischen Polizisten deutlich, der trotz seiner auffallenden blau-roten Uniform ein schlapper Kerl ist, den man am häufigsten gegen eine Wand angelehnt antrifft, wie er mit Zigarette im Mund ein gemütliches Gespräch mit einem Kumpel aus der Bevölkerung führt. Der *Guardia Civil* aber, der eine blau-graue Uniform und einen Dreispitz trägt und dessen Gewehr und Pistole immer einsatzbereit sind, ist ein wahres Symbol der Macht und Tüchtigkeit.

Das Bewußtsein seiner Macht verleiht ihm seine Ausstrahlung, er ist wachsam, souverän und reserviert; ihn trifft man niemals beim Faulenzen an, nie verringert er seine Wachsamkeit durch unnötiges Geschwätz.

Diese Männer erwarteten unsere Ankunft, sie registrierten uns, wie sie alle registrierten, mit schnellen, suchenden Augen. So genau suchen sie, daß es ihnen fast gelingt, uns selbst davon zu überzeugen, daß wir doch mindestens eine versteckte Bombe bei uns haben müßten. Wir fragen uns beunruhigt, ob irgendein Buch in unserem Gepäck auf irgendwelche Art und Weise als konspirativ eingestuft werden könnte, da die *Guardia Civil* immer auf der Hut vor Anarchisten, Bolschewisten sowie jeder Art militanter Sozialisten ist. Ich möchte lieber nicht darüber nachdenken, was jemandem passieren würde, der sich vor einem *Guardia* hinstellt und laut und stolz "Karl Marx" schreit. Die *Guardias Civiles* haben nicht vergessen, wie vor einigen Jahren die Sozialisten mit ihren Bomben in der Stadt fast so bedenkenlos um sich warfen, wie ein Zoobesucher den Bären Brötchen zuwirft. Seitdem neigen sie dazu, auf den Sozialismus etwas übersensibel zu reagieren.

Ohne Zwischenfall kamen wir durch die Kontrolle, und innerhalb weniger Minuten klapperten wir in einer Hotelkutsche mit eisernen Rädern über die Kopfsteinpflasterstraßen Barcelonas. Nach einer Reise von zweiunddreißig Stunden ist Kopfsteinpflaster zusammen mit eisernen Rädern keine sehr beruhigende Musik; und wenn die Musik von Kopfsteinpflaster und eisernen Rädern ergänzt wird durch das Klappern der Glasfenster, die zu locker in ihren Rahmen sitzen, dann wird die letzte Etappe der Reise zur Tortur. Es ist erstaunlich, daß jede Hotel-Pferdekutsche eiserne Räder und zu lose sitzende Fensterscheiben zu haben scheint. Dieses sagte ich der Fee der Freude, und sie meinte nur – als sie sich mit einem Finger in jedem Ohr, zusammengebissenen Zähnen und geschlossenen Augen in eine Plüschecke zurücklehnte – vielleicht seien diese Pferdekutschen mit Absicht so gebaut, damit der Gast bei seiner Ankunft zu müde sei, die Unzulänglichkeiten des Hotels zu bemerken.

Das Klappern der Kutsche auf dem Kopfsteinpflaster fand kein Ende, als die Route durch von Bäumen beschattete Straßen in die *Ramblas,* die stolze Hauptstraße Barcelonas, führte. Bemerkenswert sind die *Ramblas* durch die Tatsache, daß sie scheinbar nie enden, sondern immer schnurstracks geradeaus weitergehen. Sogar, wenn sie nicht mehr *Ramblas* heißen, laufen sie unter einem anderen Namen immer noch weiter. Daran mögen sich die Stadtplaner der Welt ein Beispiel nehmen!

Die normale Einteilung wurde in den *Ramblas* einfach umgekehrt: Die befestigte Mitte ist hier Hauptteil der Straße, gesäumt von Hunderten und Tausenden von Korbsesseln, die in einer langen Reihe unter den Bäumen stehen. In derartigen, in der ganzen Stadt zu findenden Sesseln sitzt man am Tage oder schläft des Nachts. Zu jeder Seite dieser Promenade, auf einer Spur, die kaum breiter als ein Bürgersteig ist, kriecht der Verkehr dicht und zäh in nur jeweils einer Richtung seinem Ziel entgegen.

Wenn sich ein Fahrzeug einmal in den Verkehrsfluß eingeschert hat, bleibt es darin gefangen; eine Umkehr ist ausgeschlossen, obwohl ein Autofahrer mit Glück vielleicht doch eine Öffnung in der Promenade findet, durch die er auf die andere Seite fahren kann. Diese Eigenart scheint für Taxifahrer besonders nützlich zu sein, wenn sie einen stadtfremden Fahrgast haben. Man möchte, sagen wir, zum *Hotel Magnifikus.* Also gut, der Fahrer schließt sich dem aufwärtigen Verkehrsstrom an und fährt am ersten Übergang zur anderen Seite vorüber. Sofort danach taucht das *Hotel Magnifikus* auf der Abwärtsseite der Straße auf.

Wenn der Passagier ein Fremder ist, denkt der Taxifahrer nicht im Traum daran, ihn aussteigen zu lassen. Er fährt weiter und immer weiter die *Ramblas* aufwärts, um am letzten Übergang zur anderen Seite zu wechseln und dann endlich doch das Ziel zu erreichen, das man bereits vor zehn Minuten passiert hat. Und natürlich muß man dafür in Form eines ordentlichen Trinkgeldes auch noch seine Dankbarkeit ausdrücken.

Für den Fußgänger aber ist es herrlich zu wissen, daß die ganze Straße vor allem für ihn gebaut wurde. Der Autoverkehr auf den Bürgersteigen ist nur nebensächlich. Ihm gegenüber hat der Fußgänger ein Gefühl vergleichbar mit dem des englischer Autofahrers, wenn Fußgänger den von ihm aufgewühlten Staub einatmen, während er sich mit Tempo siebzig sozusagen aus dem Staub macht.

Wie die meisten Hotels in Barcelona befand sich auch das unsrige an den *Ramblas*. Es besitzt einen Aufenthaltsraum mit Blick auf die Straße, gegenüber eine Cafeteria und einen aalglatten Manager, der alle europäischen Sprachen zu beherrschen scheint. Seine Begrüßung in der Lobby machte unserer guten Laune endgültig den Garaus. Er habe Zimmer, ja, er denke, er könne ein freies Zimmer für uns finden. Wir sind müde. Gewiß, das sähe er. Ohne Fenster zu den *Ramblas*? – Wegen des Lärms? Da sei er sich gar nicht sicher, versprechen könne er nichts. Aber er wolle es versuchen. Er dachte einen Augenblick nach. Vielleicht war es reiner Zufall, aber während er nachdachte, machte sich ein Gepäckträger daran, unsere Koffer still und unauffällig nach oben zu schmuggeln. Kurz danach führte uns der Manager in ein Zimmer, in dem sich unsere Koffer bereits befanden. Das große, leere Zimmer wurde durch eine Trennwand aus Holz und Glas geteilt, weswegen es sich als "Suite" ausgab. Dort, wo man zwei Betten mit steinharten Strohmatrazen hineingequetscht hatte, war es dunkel und kalt.

Ist das alles, was er hat? Ja, wirklich alles. Und der Preis pro Tag, ohne Mahlzeiten, betrage 30 Peseten, umgerechnet ein Pfund*). Wir wußten, daß das zu teuer war, und wir wußten auch, daß er unsere Müdigkeit vollständig ausnutzte. Aber vor uns standen unsere Koffer, gefüllt mit den Annehmlichkeiten der Zivilisation. Die Vorstellung von Seife und Wasser ohne Kohlenstaub, von Schlafanzügen und sauberer Bekleidung war einfach zu verlockend, um ihr zu widerstehen, und das Schlitzohr wußte das genau.

Sobald Señor Aalglatt mit uns fertig war, nahm Señor Unverschämt uns aus. Am nächsten Morgen meldete sich der katalanische Schuhputzer an der Tür und machte mich darauf aufmerksam, daß ein Schnürsenkel gerissen sei. Ob er ihn für den Señor auswechseln solle? Eigentlich konnte ich mich nicht daran erinnern, den Schnürsenkel am Abend zerrissen zu haben, aber in der Annahme, daß es mir in meiner Eile, ins Bett zu kommen, vielleicht doch passiert war, nahm ich sein nettes Angebot an. Der neue Schnürsenkel kostete eine Pesete und fünfzig, umgerechnet einen Schilling.

Aber dann, als der Junge zehn Minuten später mit den Schuhen der Señora wieder erschien, um uns zu zeigen, daß einer der Absätze nur noch an einem Faden an der Sohle hing, so daß die Señora mit Sicherheit sich entweder das Fußgelenk oder den Hals brechen würde, da fand ich es gerechtfertigt, die kleinen Knospen des Verdachts voll aufblühen zu lassen. Ich sagte ihm, die Schuhe seien übel zugerichtet worden. Er erwiderte, es koste nur sechs Peseten, und sei eine Angelegenheit von nur zehn Minuten, würde ich ihm die Sache anvertrauen. Ich sagte, ich würde ihm nie wieder im Leben irgend etwas anvertrauen. Das wäre schade, meinte er, er würde darüber traurig sein bis an sein Lebensende, was aber den Absatz beträfe ...

---

*) Zu den Preisen siehe Seite 190

"Was sollen wir da machen?" fragte ich die Fee.

"Zieh` ihm die Ohren lang," schlug sie vor.

Ich zog, und der Eigentümer der Ohren tat seine Verärgerung über unsere Undankbarkeit laut kund während er abzog.

In der Morgensonne bemerkten wir mit vom Schlaf gestärkten Augen, daß, allem Lärm zum Trotz, die *Ramblas* viel Schönes zu bieten hatten. In ihrer Mitte zum Beispiel gibt es einen Blumenmarkt, wo vollschlanke Frauen sich mit Schals bedecken, durch ein Blumenmeer waten, und ihre Waren mit einer Hartnäckigkeit anpreisen, die allen Blumenverkäuferinnen der Welt zu eigen ist.

Es ist um die Menschheit wahrhaft traurig bestellt, wenn man bedenkt, daß es solcher Hartnäckigkeit bedarf, um Schönheit und angenehmen Duft zu verkaufen, während sich doch Kniehosen, Whisky, Lotterielose oder schlechte Romane offenbar ohne jegliche Anstrengung verkaufen lassen. Ein Whisky- oder Harris-Tweed-Verkäufer würde

17

kaum seinen Laden verlassen, um einem Kunden bis auf die Straße zu folgen, ihm mit der Ware vor den Augen herumzuwedeln oder sie ihm unter die Nase zu halten. Und man kann sich kaum vorstellen, mit dem Verkäufer Mitleid zu haben oder vielleicht Bewunderung für ihn zu empfinden wegen seiner Hartnäckigkeit, so daß man "Also gut, vielleicht nehme ich doch eine, aber nur eine ganz kleine!" sagen würde.

Im Vogelmarkt nebenan quaken, zwitschern, trillern und mausern Hunderte aller nur vorstellbaren Volgelarten in den unterschiedlichsten Käfigen. Die Verkäufer dort zeigen kein bißchen von der Hartnäckigkeit an den Blumenständen, sondern stehen regungslos herum und überlassen den Vögeln das Verkaufen, eine Aufgabe, welche die Tiere zu erfüllen versuchen, indem sie singen, bis ihnen die Hälse beinahe bersten.

Durch diesen Blumen- und Vogelmarkt schleichen die in sich gekehrten Männer Barcelonas, mißtrauisch und unrasiert. Das Rasieren scheint in Barcelona eine wöchentliche Veranstaltung zu sein. Fast jeder erwachsener Mann hat den Bartwuchs von einigen Tagen im Gesicht. Es ist durchaus möglich, daß es einzelne Bürger gibt, die sich täglich rasieren, obwohl sie sich anscheinend dessen so sehr schämen, daß sie diesen Akt nur äußerst diskret zu Hause vollziehen. Diese Vernachlässigung der Gesichter durch die Männer Barcelonas wird aber durch die Sorgfalt, die deren anderes Ende erfährt, nämlich die Stiefel, wieder wettgemacht. Sich die Stiefel putzen zu lassen, ist eine der beliebtesten Sportarten in ganz Spanien, aber in Barcelona steigert sich diese zu wahrhaftiger Leidenschaft.

Am späten Vormittag nimmt der Geschäftsmann einen Aperitif in seinem Stammlokal zu sich, geht zu einem der unzähligen Läden, die sich aufs Schuhputzen spezialisiert haben, setzt sich in einen roten Plüschsessel, zündet seine

Zigarette an, schlägt eine Zeitung auf und gibt sich für fünf volle Minuten dem Hochgenuß des Sich-die-Schuhe-Putzen-Lassens hin. Nach dem Mittagessen findet das Ganze noch einmal statt sowie erneut am Abend, sofern der Herr ein paarmal die *Ramblas* hinauf- und hinunter spaziert. Er sitzt im Plüschsessel nicht mit dem resignierten Gesichtsausdruck, der beim Friseurbesuch vorherrscht, sondern mit dem des bewußten Genießers, der gerade vom edelsten Likör probiert hat und den Umstand auskostet, daß er noch drei Viertel des Getränks vor sich hat. In jeder Straße findet man Schuhputzläden, und immer ist ein Junge in der Nähe, der Ausrüstung und Fußhocker dabei hat. Nach Begutachtung der winzigen Staubpartikelchen auf den Schuhspitzen spricht er Vorübergehende mit der Frage *"Limpia botas, Señor!"* an.

Der Leidenschaft für blankgeputzte Schuhe entspricht die für saubere Straßen. Niemals hat man hochgewirbelten Staub in den Augen oder zwischen den Zähnen. Nirgends liegen Papierfetzen, zerrissene Zeitungen oder Müll auf der Straße. Den ganzen Tag über fahren jene Fässer auf Rädern, die in Spanien als Wasserwagen gelten, die Straßen auf und ab, und unzählige Straßenfeger in Arbeitsanzügen, eine lange Zigarre zwischen den Zähnen, versuchen, Staub herbeizuschaffen, der später entfernt werden kann.

Barcelona besitzt alle Einrichtungen, die eine ordentliche Stadt braucht: einen Dom, viele Kirchen, die raffiniertesten Taschendiebe, diverse Kunstgalerien und Museen, eine Stierkampfarena und Fußballfelder, wo im Juli die schwitzende Jugend bei Temperaturen von über 35° C im Schatten einem Ball nachläuft. Dazu kommen imposante Fabriken, ein schöner Hafen, ein Bataillon Halbstarker und ein ausgezeichnetes Krankenhaus. Darüberhinaus ein nahe gelegener Berg, der sich zum Aufenthalt an Sommerabenden eignet, ein Kasino, in dem die andere Hälfte des Geldes, die die man nicht an einen Taschendieb abgegeben hat, auch noch verloren geht, und Luxuskinos, auf deren Leinwänden sich die *Gish Sisters**\) auf Untertiteln in Umgangsspanisch ausweinen.

Trotz all dieser Annehmlichkeiten ist es nicht möglich, in Barcelona glücklich zu werden. Sogar die englischen Einwohner mögen die Stadt nicht sonderlich. Sie ist unfreundlich, ein Handelsplatz, der Fremde ungern willkommen heißt, es sei denn, sie hätten etwas günstig zu verkaufen, oder möchten etwas kaufen. Barcelona ist eine unruhige, unzufriedene Stadt, der "böse Bube" Spaniens, dessen verschlagene, ungehobelte Männer eine fremde Geldbörse oder Handtasche wie hungrige Tiere anschauen, dessen schlampige, unförmige, nicht sehr schöne Frauen kein Lächeln in ihren Augen tragen und in deren Herzen keine Lebenslust brennt.

"Laß uns doch weiter nach Mallorca!"

Aber vorher müssen wir noch eine Pflicht erfüllen, die jedem Besucher Barcelonas obliegt, und den *Tibidabo*, den Hausberg, aufsuchen. Ein Freund hatte einen Besuch des *Tibidabo* vorgeschlagen, als wir nach den Sehenswürdigkeiten der Stadt fragten. Der Fremdenführer des Hotels gab auf die Frage, was es zu sehen gäbe, zur Antwort: "Also, Señor, es gibt den *Tibidabo* – und die Kathedrale." Wenn wir irgendwo mit staubigen Schuhen und verschwitzten Gesichtern auftauchten, kam mit Sicherheit die Bemerkung: "Ach, Sie waren auf dem *Tibidabo*!?" Wenn ein Berg in der Nähe einer Stadt so wichtig ist, kann ein Reisender wohl kaum auf dessen Besuch verzichten.

Die Fahrt zum *Tibidabo* unternimmt man mit Straßenbahn, Kutsche oder Taxi. Sie führt durch eine reiche Gegend, wo mit dem Geld, das aus dem Handel zwischen Spanien und Lateinamerika stammt, viele protzige Villen

---

*\) *Dorothy* und *Lillian Gish*, amerikanische Schauspielerinnen, Stars vor allem in der Stummfilmzeit.

gebaut wurden. Die Stilrichtungen entsprechen den Wertvorstellungen der Neureichen Spaniens. Der Architekt einer Villa versuchte, das Haus aus Stein so zu gestalten, daß der Eindruck entsteht, es läge unter Wasser. Das große Gebäude besitzt eine Fassade aus gewelltem, bräunlichen Kunststein. Die diagonal liegenden "Augenlider", welche teilweise die Fenster zudecken und das Haus so aussehen lassen, als wäre es kurz davor einzuschlafen, bestehen aus demselben gequälten Material. Das gesamte Äußere des Hauses dreht und wendet sich, wie sich Objekte unter Wasser einem tauchenden Betrachter zu drehen und zu wenden scheinen. Ein bißchen Mitleid muß dem Architekten entgegengebracht werden: um auf solche Einfälle zu kommen, hat er sicher viele Stunden unter Wasser verbringen müssen. Auf das exzentrische Werk ist Barcelona aber sehr stolz; es wurde auf Postkarten verewigt wie eine Boulevardschauspielerin, und auch auf keiner Ansichtskarte mit Sehenswürdigkeiten der Stadt fehlt es.

Weiter entlang der Route zum *Tibidabo* wird die Architektur sehr gemischt: Hier besitzt ein Haus zwei Moschee-Kuppeln, die Fassade schmücken Korinthische Säulen, und der Eingang prunkt im englischen Bayswater-Stil! Und dort gibt es ein Gebäude mit aufwendigen Eingangstreppen aus Porphyr und lila Fensterläden, mit drachenähnlichen Blumensträußen auf den Fliesen der Außenwände. Ein Haus im maurischen Stil wird von blutrünstigen orientalischen Hunden aus blauem Porzellan bewacht. Es ist erstaunlich, daß solche Bauwerke außerhalb von Jahrmärkten zu sehen sind. Es wäre gar nicht überraschend, würde plötzlich ein uniformierter Marktschreier in einer Tür auftauchen, um lauthals den "Mann mit dem Löwenkopf" und die "dickste Frau der Welt" zu preisen.

Auf halber Strecke zum *Tibidabo* endet die Fahrt mit der Straßenbahn; eine Seilbahn befördert uns weiter. Obwohl die Auffahrt nur zehn Minuten dauert, besitzt die Bahn sowohl eine erste als auch eine zweite Klasse. Die Steigung der Seilführung ist haarsträubend, ein Teilstück führt an einem tiefen Abgrund entlang.

Mit uns in der Gondel war ein älterer Herr. offenbar aus der Region, der uns anschaute, irgendetwas in seinen Bart grummelte und dann einschlief. Bei der Ankunft auf der Bergspitze wachte er auf, stieg aus, setzte sich auf eine Bank und schlief erneut ein. Etwas später, als wir in einem aufwendig im Orientstil dekorierten Café saßen, nahm er am Tisch nebenan Platz – und schlief ein. Er fuhr im selben Wagen wie wir hinunter, fiel sofort in einen Tiefschlaf und schnarchte.

Natürlich beunruhigte uns der Verdacht, daß wir es seien, die eine so ermüdende Wirkung auf ihn hätten, aber wir trösteten uns mit dem Gedanken, der *Tibidabo* sei Barcelonas Ort der Ruhe und Erholung. Auf die weiße Stadt in der Ebene – vor dem schimmernden dunkelblauen Mittelmeer von Bergen umringt – hat man einen wirklich her-

vorragenden Blick, aber dann ist es mit dem Berg auch schon vorbei. Weiter gibt es dort oben eigentlich nichts zu tun. Darum empfehlen die Bürger den *Tibidabo* mit derartiger Begeisterung. Denn dem durchschnittlichen Spanier gefällt kaum etwas besser, als genau das.

Am Nachmittag buchten wir zwei Plätze für die Schiffspassage nach Palma. Man hatte uns gesagt, es wäre möglich, Zweierkabinen der zweiten Klasse zu buchen, aber daran hatte wir unsere Zweifel, die sich prompt als berechtigt erwiesen. Der schlacksige, dunkelhäutige Kartenverkäufer seufzte melancholisch, es gäbe Zweierkabinen nur in der ersten Klasse. Er riete uns ohnehin dazu, die erste Klasse zu nehmen. Seinen Andeutungen zufolge reisten englische Señores und Señoras immer erste Klasse und täten wir das nicht, verdienten wir wohl kaum seinen Respekt. Nichtsdestoweniger lehnten wir es ab, die erste Klasse zu buchen.

Er gab uns nun zu verstehen, er könne für unsere Sicherheit während des Schlafs nicht garantieren, falls wir nicht die erste Klasse nähmen. Als dies keine Wirkung zeigte, versuchte er, uns einen Reiseführer zu verkaufen, obwohl wir den – da wir ja mit Sicherheit die Nacht nicht überleben würden – doch höchstwahrscheinlich gar nicht gebrauchen könnten. Letztendlich und mit Widerwillen gab er uns die Plätze, die wir wollten. Wiewohl sein trauriger Blick bedauerte, daß wir die Möglichkeit versäumt hatten, unsere edle Herkunft durch die Zuzahlung von hundert Peseten unter Beweis zu stellen.

Und nun zum Schiff, einem Spielzeugdampfer, der schneeweiß und mit blauem Schornstein am Kai in der Dämmerung ungeduldig vor sich hinqualmte, als ob er es kaum erwarten könne, Barcelona – mit den paradiesischen Inseln als Ziel – zu entkommen. Auf dem Kai stand die Fee mitten in einem Gewimmel von dunkelhäutigen Rauhbeinen,

Heizern mit rotem Fez auf dem Kopf, Dieben, Reisenden und Faulenzern, Polizisten in strahlendem Rot und Blau, *Guardias Civiles* mit hartem Blick und Gewehr zur Hand. Sie warf dem kleinen, startbereiten Schiff einen fast zärtlichen Blick zu und sprach: "Weißt Du, das süße kleine Ding will genau so gerne weg von hier wie wir!"

Sie streichelte den teerigen Rumpf, als ob er ein Hund wäre, so daß ich nicht allzu überrascht gewesen wäre, hätte das kleine Schiff sich auf seinem Ruder aufrecht gestellt, um zu bellen, aber statt dessen schaute sich die Fee ihre Hand an und bat mich um ein Taschentuch. Das süße kleine Ding hieß *Rey Jaime I*, in glorreicher Erinnerung an den jungen Riesen, den König, der Mallorca den Mauren entrissen hatte, und es gewährte uns einen Empfang, den auch Barcelona sich hätte einfallen lassen können:

Der kleine Mann, der am Ende des Bordstegs stand, hätte die abwertende Bezeichnung "Steward" nicht verdient, sondern glich einem lächelnden Kobold, in dessen braunen Augen der liebenswürdige Gastgeber eines offenen Hauses und der Schelm zugleich zu sehen waren.

"Es ist Lob*) – ich weiß, daß es Lob ist" sagte die Fee.

Er strahlte sie an und nickte mehrmals mit dem Kopf, obwohl er sie nicht verstanden hatte. Er hätte in der Tat den merkwürdigen kleinen Kobold aus Barries Bühnenstück verkörpern können, wären seine Beine dünner gewesen. Er hatte die gleiche Ausstrahlung eines geheimnisvollen Schelms, der außergewöhnliche, hübsche Streiche ausheckte. Man konnte sich vorstellen, er würde unter der Schiffsbrücke auf allen Vieren kriechen und weinen, weil ihn "danach verlangte, geliebt zu werden", und es in ganz Barcelona niemanden gab, der ihn liebhatte. Die Fee fand

---

*) Figur aus J. M. Barries (dem Autor von Peter Pan) Theaterstück *Dear Brutus* (1917), das in den 20er-Jahren häufig gespielt wurde.

aber schnell heraus, daß er überhaupt keinen Grund zu weinen gehabt hätte. Alle an Bord des Schiffes mochten ihn auf Anhieb. Dann kam die Schiffsstewardeß. Die Fee meinte, man hätte eigentlich eine andere Art Frau für ihn aussuchen sollen, vielleicht eine, die nicht ganz so wohl-proportioniert und nicht so irritiert von seinen bunten Spinnereien und geheimnisvollen Streichen wäre, obwohl dieses fehlende Verständnis ihre Liebe und Bewunderung für ihn nicht minderte.

Sie führten uns nach unten. Wieso zögerte Lob jetzt, neigte sein Haupt zur Seite, lächelte ein wenig traurig, schüttelte den Kopf und tauschte einen mitleidigen Blick mit seiner Frau aus? Nur, weil unsere Wege sich trennten, meiner zur Linken, ihrer zur Rechten. Einfühlsamer und verständnis-voller Lob!

Keine fünf Minuten hatte ich in meiner Kabine verbracht, als auf ein leises Klopfen an der Tür hin ein kleines, aufge-regtes Gesicht erschien.

"Er ist wirklich Lob!" sagte die Fee leise. "Schau, er hat mir durch seine Frau diese Blumen bringen lassen."

Wir schliefen zu viert in einer Kabine, die Männer auf der einen Seite des Schiffes, die Frauen auf der anderen. Die Kabinen waren weiß und sauber wie der Rest des Schiffes, mit gestickten Decken und goldbraunen Vorhängen. Von einem der unteren Betten hatte schon ein dicker katalani-scher Geschäftsmann Besitz ergriffen. Obwohl er gar nicht hinaufzusteigen brauchte, ging er mit großem Stöhnen zu Bett, wo er sofort in einen tiefen Schlaf fiel, wie sein leises, pfeifendes Schnarchen anzeigte.

Das Bett über ihm war einem kleinen Mallorquiner zuge-wiesen, der Schwierigkeiten beim Erreichen seiner Koje hatte. Zuerst versuchte er es ohne Erfolg mit dem kleinen Hocker, der eben dazu dienen sollte. Danach versuchte er, sich mit den Armen hochzuziehen, aber dazu fehlte ihm die Kraft. Zuletzt landete er nach einigen Hüpfsprüngen mit dem Gesicht nach unten auf dem Bett, jedoch glitten ihm die Beine nach und nach aus der Bahn. Sie hingen hinunter und zappelten in der Kabine herum, wie die Fühler eines Insekts, das gerade aus seinem Versteck kommt. Im Versuch, sich an der Seite des Bettes festzuhalten, zog er verzweifelt erst das eine, dann das andere Bein hoch. Er fing an zu hecheln, und plötzlich rutschte die Matratze aus dem Bett. Er stieß einen halbunterdrückten Schrei aus, grabschte vergeblich in die Luft und fiel mit Getöse auf den Kabinenboden, um dort unter Matratze und Laken begraben zu werden. Da erwachte mit einem Schrei der dicke Katalane, brabbelte schlechtgelaunt vor sich hin, drehte sich um und begann erneut mit seinem Pfeifen. Aus dem Haufen Bettwäsche tauchte der kleine Mallorquiner auf und lachte. Welch frohe Seele!

Nachdem er sein Bett wieder zurechtgemacht hatte, half ich ihm einzusteigen und ging dann an Deck, um dort die Fee zu treffen.

Die Lichter Barcelonas waren nicht mehr zu sehen. Drei junge katholische Priester, eingefleischte Asketen, standen still und stumm mit leuchtenden Augen und leicht geöffnetem Mund bei der Betrachtung des dunklen Horizontes hinter uns, wo sich das spanische Festland verbarg. Der Vollmond im Süden wies einen glänzenden, silbernen Weg über das Mittelmeer hin zum anderen Horizont, wo – noch versteckt – die paradiesischen Inseln liegen.

Ein weißes Märchenschiff fuhr diesen Weg entlang, zerteilte ihn und streute die Reste als Millionen von glitzernden Juwelen hinter sich.

Ein tiefes Schweigen ...

AUF NACH PALMA

Das Naseninstrument des dicken Katalanen hatte ursprünglich den Ton einer Blechpfeife perfekt nachgeahmt, entwickelte dann während der Nacht die tiefere Tonlage einer Piccoloflöte, und bei der Morgendämmerung – nach einem Saxophon-Crescendo – endete es in einer Explosion, die mich zum vierten Male aufweckte. Danach kam das Knistern dicker, trockener Lippen, die mit einer Zunge befeuchtet wurden, dann das fragende Grummeln, als bleierne Augen eine unbekannte Umgebung erkundeten, ein unwirsches Grunzen als Zeichen, daß ein mürrisches Hirn vollständig wach wurde; Wühlerei in den Bettlaken; dann Ruhe, und erneut das schwache, dünne Pfeifen einer friedlichen katalanischen Seele.

Letztendlich war ich aber dem "Musiker" dafür dankbar, daß er mich geweckt hatte, weil sich durch das Bullauge der Kabine die tiefschwarze Silhouette der mallorquinischen Küste vor einem Blatt gewellten Silbers abhob. Ich ging an Deck. Auf dem Weg durch den leeren Frühstücksraum traf ich Lob, der angenehm mit dem Geschirr klimperte; von einer winzigen Tür, die nur für ihn hatte gebaut werden können, kam der belebende Duft starken Kaffees. Einige Deckspassagiere schliefen immer noch auf ihren harten Liegen; hier diente einem jungen spanischen Soldaten ein aufgerolltes Seil als Kissen, worüber sein offener Mund einen Faden Speichel hängen ließ, dort hatte ein junger Bauer sich unter dem Schiffsmotor halb versteckt. Die drei Priester mit den leuchtenden Augen waren auch da, schweigend und regungslos, mit dem Blick nach hinten gerichtet, als ob sie sich während der Nacht kein einziges Mal bewegt hätten. Vorne betrachtete ein dunkles Bauernmädchen mit glühenden Augen die schemenhafte Küste – dabei sang sie ein Lied, eine mallorquinische Volksweise, wie sich später herausstellte. Ich warf einen Blick auf den dunklen Berg, der aus dem Meer emporstieg, auf seine Silhouette im sich anbahnenden Sonnenaufgang, und ging dann zurück, um die Fee zu wecken.

Die Einwohner Mallorcas meinen, es gäbe keine schönere Morgendämmerung als diese, welche die Insel aus ihrem Meeresschlaf erweckt. Gut die Hälfte der Passagiere hatte sich auf Deck versammelt, um zu sehen, wie die Sonne hinter den schwarzschattierten Bergen aus dem Meer emporstieg. Als der blaßgelbe Teint langsam Gold wird, verstummt das Geschwätz, und die Morgenröte spiegelt sich in den weit geöffneten Augen der Betrachter. Sie schweigen vor Atemlosigkeit, während sich das Gold mit rosa Nuancen färbt, und ein Feuersaum die Bergspitzen entlang läuft. Und dann, als die erste scharlachrote Ecke der Sonne sich aus dem Wasser erhebt, hauchen sie Zufriedenheit, Entzücken, sogar Erleichterung, als ob sie befürchtet hätten, die Sonne könnte Mallorca dieses Mal vergessen.

Eine Stunde später liefen wir in die Bucht von Palma ein. Für den ankommenden Reisenden wirkt sogar die Form der Stadt wie eine freundliche Begrüßung. Sie erstreckt sich

flach auf der Ebene rund um die Bucht, geschützt durch ein Bergmassiv und bildet einen Halbmond, dessen Arme sich zur Begrüßung öffnen, um letztlich den Reisenden zu umarmen und ihn ans Herz Palmas zu drücken.

Beeindruckend ist auch das Benehmen des kleinen Schiffes *Rey Jaime*, das sich mit Dampf aufplustert, sich dreht, um den größten Schatz Palmas – die Kathedrale *La Seo* – eiligst anzusteuern. Das Schiff scheint in einem sympathischen Komplott mit der Stadt zu stehen: während die wartenden Arme uns umschließen, nachdem die *Rey Jaime* drei laute Siegesschreie von sich gegeben hat, läßt sie uns fast direkt vor dem Portal der Kathedrale von Bord. Es ist, als ob das Schiff uns gefangen genommen hat, um uns den besten aller möglichen ersten Eindrücke zu gönnen und uns zu Füßen des größten Schatzes der Insel wieder freigibt.

Mit Sicherheit ist die Lage der Kathedrale zu Palma eine der schönsten der Welt: ihre Fundamente werden im wahrsten Sinne des Wortes fast von den Wellen umspült, nur der enge Küstenweg und die alte Stadtmauer trennen sie vom Meer. *La Seo* zieht alle Augen auf sich, sobald das Schiff die Berge umrundet und Palma in Sicht kommt. Die Stadt hinter ihr und um sie herum wird beim Näherkommen immer verschwommener und unbedeutender, ein weißer Fleck, aus dem sich eine rosagetünchte Schöpfung gotischer Grazie und Schönheit erhebt. Da steht sie am Ufer des Meeres wie eine Mutter, die ihre Kinder, die Gebäude der Stadt, um sich gesammelt hat, ein perfektes Symbol der Kirche, die sie vertritt.

Nachdem die *Rey Jaime* uns zu ihrer Kathedrale gebracht hatte, ließ sie noch einen Siegesschrei los, dessen Echo in den Bergen schallte und hallte. Dieser Enthusiasmus verleitete das Schiff dazu, mit solcher Vehemenz gegen die Kaimauer zu stoßen, daß viele Passagiere sich plötzlich und unerwartet auf den Decksplanken wiederfanden. Dabei geschah nichts Unangenehmes, sondern Gutes. Das Lachen vom Ufer vereinte sich mit dem Gelächter auf dem Schiff. Ein Tag, der um sechs Uhr morgens mit Lachen beginnt, ist vielversprechend.

Auf dem Kai wartete eine kleine Gruppe Insulaner, meist Frauen, die gekommen waren, um ihre von Geschäftsreisen nach Barcelona zurückkehrenden Männer zu empfangen. Sie trugen Schals, aber keine Hüte, ihre glücklichen Gesichter lächelten offen, woran man sofort sah, daß dies eine Inseln des Friedens und des guten Willens ist.

Auffallend war auch das Fehlen der blau-rot uniformierten Polizisten und *Guardias Civiles* mit Gewehr und Pistole. Nirgends war die Bekleidung der amtlichen Wichtigkeit zu sehen, sogar Zollbeamte in ihrem uniformierten Stolz gab es nicht. Beim Anlegen bemerkten wir dann aber doch am Ende der *Gangway* einen Vertreter des Staates, einen kleinen, freundlichen Mann mit Mütze, der sich ständig dafür entschuldigte, daß er die Pässe kontrollierte.

"Und wie er es haßt!" sagte die Fee.

So schien es wirklich, weil jede Geste von ihm verriet, daß er, wenn er nur könnte, lieber von dieser absurden Einschränkung unserer persönlichen Freiheit absehen würde. Da er das aber nicht durfte, würden wir bitte so freundlich sein, uns zu gedulden, während er den Namen des Landes, dessen Bürger wir seien, in seinem Büchlein niederschrieb?

Mein Paß irritierte ihn, so ein Land kenne er nicht, es täte ihm sehr leid, aber wo befindet sich dieses Land? Wenn ich ihm das bitte sagen würde, so daß er es aufschreiben könne. Ich sah, daß sein Finger auf "Geburtsort: Guildford, Surrey" zeigte. Ich erklärte ihm, Guildford, Surrey sei kein Land, sondern eine Kleinstadt in einem Land namens *Inglaterra*. Ach, *Inglaterra*, ja, das sei ihm bekannt! Er notierte den Namen in seinem kleinen Büchlein, und als die Fee ihm auch noch ihren Paß anbot – da sie ein sehr freier Geist ist, besitzt sie einen eigenen Paß – nahm er die Mütze ab und verzichtete auf eine Kontrolle, wenn sie ihm nur versichern wolle, sie komme aus demselben Land.

Unser Hotel hatten wir schon im Vorwege aus mehreren ausgesucht, vor allem aufgrund seiner stolzen Behauptung "fließend Wasser in jedem Zimmer". Wir fuhren mit einer mallorquinischen Droschke dorthin. Die Mallorquiner sind Individualisten, und diese Droschke war unser erster Eindruck vom lokalen Individualismus. Sie ähnelte dem Wagen eines Dorfbäckers mit zwei großen, gelben Rädern, einer gelblichen Haube auf einem gebogenen Rahmen, einem kleinen Fenster auf jeder Seite der Haube und vorne ein Pferdegespann. Die leichte Droschke brauchte eigentlich keine zwei Pferde, aber der mallorquinische Kutscher zeigt gerne, was er an Pferdestärken besitzt. Um Kunden zu gewinnen, knallt der Kutscher Vorbeikommenden seine

Peitsche entgegen. Hat er keinen Erfolg, lächelt er und dreht sich eine neue Zigarette. Während er vorne wartete, ließen wir uns unter der Haube nieder mit dem Gefühl, wir seien zwei Brote kurz vor der Auslieferung.

Die beiden Pferde trabten schnell durch die Straße der erwachenden Stadt, den Boulevard entlang neben der Kathedrale, der *Lonja* und dem maurischen *Almudaina* Palast, durch die breiteren Straßen zu engen Gassen im Zentrum. Sie hielten vor einem weiten Torbogen, dem Hauptportal unseres Hotels, in einer Straße die so eng war, daß sie aussah wie ein Korridor ohne Dach. Hinter der Tür befand sich eine spärlich beleuchtete, gefliese Eingangshalle, kalt wie ein Grab, mit einigen Stühlen und einem verschlossenen Klavier, das mit einer weißen, gestickten Decke aus Musselin zugedeckt war. Über dem Klavier hing das lebensgroße Foto eines sehr dicken, lächelnden jungen Mädchens. Über sie werden wir später mehr berichten, denn ihr Tod vor drei Monaten war die Ursache für einen kleinen Streich, den die Fee einem – allerdings unsympathischen – Menschen noch spielen würde.

Ein magerer, melancholischer, junger Mann in weißem Jackett führt uns über eine breite, steinerne Wendeltreppe zum obersten Stock. Das zunächst angebotene Zimmer lehnen wir ab, weil die Karren auf dem Kopfsteinpflaster es geradezu mit Donner füllen. Das zweite nehmen wir, es kostet mit Mahlzeiten nur acht Peseten am Tag, umgerechnet fünf Schilling. Es hat zwei kleine, weiße Eisenbetten, die mit einer blaßgelben Tagesdecke verhüllt sind, kahle, weißverputzte Wände und schwarzweiße Bodenfliesen, zwei Stühle, keinen Kleiderschrank, aber ein Waschbecken mit fließendem Wasser. Das einzige kleine Fenster befindet sich halbversteckt in einer Ecke, wie im nachhinein eingesetzt.

Mit dem fließenden Wasser hat man es nicht leicht. Es stimmt, daß es hineinfließt, nach der Benutzung weigert es sich aber abzufließen. Dies zeigten wir der schlanken Zigeunerin, die uns bald Kaffee brachte. Sie bedauerte die Ungelegenheit, entnahm ihren Haaren eine Nadel und schob sie in den Abfluß, leider jedoch ohne Erfolg.

Dieser moderne Unfug bringe nur Ärger, sagte sie. Wäre es nicht viel einfacher, viel schlauer, viel weniger ärgerlich, eine Waschschüssel zu benutzen, die in einen Eimer entleert wird, den man dann wegbrächte? Sie stocherte und zwirbelte und klackerte mit der Haarnadel herum, ohne aber recht an den Erfolg zu glauben. Es war ein aussichtsloser Kampf gegen den Modernismus, den sie schließendlich aufgab.

Nach dem Kaffee gingen wir frisch gestärkt auf die Straße, wo die Karren vom Lande krachend die Stadt verließen. Wir überlegten, wenn wir der Richtung folgen, aus der sie kommen, würden wir den Markt finden. Er lag am Ende der schmalen Gasse, einer der Hauptstraßen der Stadt. Als wir näherkamen, wurde aus dem fernen Rumoren ein heiseres Gebrüll, das wir bald als den Klang vieler Stimmen deuten konnten. Auf dem Marktplatz redeten zweitausend Mallorquiner, wie nur Mallorquiner reden können: laut, lebendig, aus vollem Halse, ohne Hemmungen und mit hundert Gesten zur Untermalung. Reden über alles und nichts, ein Redeschwall, der wie das Tosen eines Wasserfalls alles übertönt. Reden in zwei Sprachen, Spanisch und Mallorquin, ohne Pausen, von morgens bis abends. Reden, welches den Lärm der Karren verblassen läßt und den Klang unserer Stimmen schier verschluckt, sogar als wir uns direkt in die Ohren schreien.

Der Lärm lähmt uns, geblendet von der gleißenden, gnadenlosen Sonne stehen wir auf dem großen, hellen Platz. Die Stände sind in Reihen geordnet und oben von Markisen bedeckt; an den Seiten hängen weiße Tücher als Sonnenschutz. Rote Girlanden aus Zwergtomaten, die wie Halsketten für Riesenfrauen aussehen, verzieren sie. Berge aus grünen Erbsen, gelbe Pyramiden aus Apfelsinen, Zitronen und Nespolis*) warten auf Käufer ebenso wie Strümpfe und Schleifen, bunte Taschentücher, Schalen und Sandalen, deren Sohlen aus einer Art Bast bestehen. Fleisch und Fisch gibt es reichlich, letzterer allerdings solcher Art, die anderswo in Aquarien gehegt und gepflegt wird. Hier aber werden die Fische in eine Tüte gestopft und abends gekocht.

Da gibt es schöne wie auch häßliche Fische: kleine rote mit gelben Augen, Tintenfische, krakenartige Geschöpfe mit der Farbe einer Quetschwunde, deren Fühler am Stein saugen und grabschen, auf dem sie liegen und sterben; winzige, silbrige Fische, die wie Stichlinge zuhauf liegen. Einige befinden sich noch im Todeskampf und versuchen, den Schwanz einzurollen. Andere Fische haben drohende Haifischrachen oder eine rundes, trauriges Maul.

Ein Fischmarkt am Mittelmeer ist faszinierend, die Artenvielfalt der Meeresgeschöpfe schier endlos. Der Betrachter fühlt sich wie in ein Aquarium versetzt. Ein Engländer findet hier keinen der Fische, die er vom Fischhändler zu Hause kennt: es gibt keinen trübseligen Dorsch, keinen ausgetrockneten, kopflosen Schellfisch, keines der charakterlosen Geschöpfe der nördlichen Meere.

Die Fische teilen sich hier in zwei Gruppen: Entweder sind sie bedrohlich, oder sie sind wunderschön. Die großen Hummer, die roten Meeräschen, die silbrigen Winzlinge geben dem Markt Farbe, während die Tintenfische und eine Art Zwerghai die bedrohliche Note liefern. Viele leben noch, da sie gerade aus den Fischkuttern geholt wurden. Die absterbenden Fühler eines bläulichen Tintenfisches

---

*) Irrtümlich von Gordon West benutzte italienische Bezeichnung für Mespilus, die Mispel, deren pflaumengroße Früchte mit blaßgelber bis rötlich-brauner Schale und gelbem, säuerlichen Fruchtfleisch frisch verzehrt oder aber zu Gelee bzw. Kompott verarbeitet werden können. Heute wird diese Frucht nur noch selten geerntet.

ondulieren noch schwach über die Steintheke, und eines der schwätzenden Fischweiber gibt dem Tier einen heftigen Klaps, wohl, um uns etwas vorzuführen. Seine Farbe ändert sich von Knautschfleck-Blau zu Lila, seine Augen starren uns vorwurfsvoll in hilfloser Empörung an, und die Fühler zittern in leerer Drohung.

In diesem Moment erscheint der Junge mit dem melancholischen Blick, der uns im Hotel empfangen hatte: er kauft Fisch, genauer gesagt, Tintenfisch. Das Fischweib spürt, daß wir Gäste seines Hauses sind, und gibt ihm mit einem kurzen Lächeln den Tintenfisch, dem sie gerade den Schlag verpaßt hatte. So stellt sie eine enge Verbundenheit zwischen uns und dem Abendessen her.

Wir gehen weiter zur Knoblauchhändlerin. Sie ist alt, dick und von der Sonne braun gebrannt und trägt den vollen schwarzen Rock und den Schal, welche zusammen Mallorcas Regionaltracht bilden. Die übelriechenden, weißen Zehen hängen ihr in Ketten um den Hals und über die Schultern – wie die geknoteten Locken der Medusa. Ihr Körper und Atem riechen nach Knoblauch, sie ist Knoblauch durch und durch, und wahrscheinlich ist auch ihr Zuhause mit getrocknetem Knoblauch reichlich behängt.

Gruppen von Bäuerinnen machen ihre tägliche Runde. Die jüngeren Frauen tragen Zöpfe, die ihnen über den breiten Rücken hängen. Einige haben ihre Haar hinten am Kopf in kleinen weißen Netzen; andere, die eher städtisch und modebewußt sind, tragen schwarze Schleierchen, die sehr verhalten die *Mantilla* nachahmen. Das weiße Netz ist das Merkmal der Bäuerin, der schwarze Kopfschleier kennzeichnet eine höhere Klasse der Inselgesellschaft.

Magere, gelbliche Hunde, deren Vorfahren schon für die alten Ägypter jagten und mit den Phöniziern nach Mallorca kamen, schleichen zwischen den Ständen herum und suchen ohne Eile nach Freßbarem. Sie ähneln blassen Geisterhunden, die Unmengen verschlingen könnten, ohne dabei dicker zu werden. Melancholische, sensible Wesen sind sie, schrecken vor uns zurück und lassen sich nicht streicheln. Die Maultiere stehen regungslos da und warten auf Futter für ihre Freßnäpfe. Ab und zu senkt eins den Kopf, um nach den Hunden zu schnüffeln.

Die schiere menschliche Energie des Marktes schwächt uns. Wir fühlen uns kläglich kraftlos, wie Zwerge, die in einem Sturm von Lärm und Getöse und endloser Aktivität hinweggefegt werden. Es ist die Lebenskraft eines romanischen Volkes, aber auch die einer kräftigen Inselrasse, aus Erde und Meer geboren, unberührt von der Zivilisation der Städte.

Wir wollen den Markt verlassen, um wieder etwas zu uns zu kommen und befinden uns jetzt auf der Seite, wo die Töpfer ihre Ware verkaufen. Bei deren Anblick blitzen die Augen der Fee, die sich auf die Töpferware stürzt, wie ein Spatz, der gerade einen Krümel gesehen hat.

"Bauernkeramik! Wir müssen etwas davon kaufen. Schau mal dort, diesen großartigen, schlichten Teller." Sie zaubert ihn aus einem Haufen heraus, ein großes, grobes Stück, mit den Unregelmäßigkeiten, die eben die Hand des einfachen Töpfers verraten: einen zitronenfarbigen Teller mit groben Jadeflecken. Noch einen findet sie, einen tiefbraunen mit gelben Markierungen wie arabische Schrift. Durch den Haufen geht sie wie ein Kartenmischer im Kasino durch seine Karten; das Interesse der Verkäuferin wird dadurch geweckt und verwandelt sich schnell sogar in Begeisterung. Sie beginnt, den Haufen durchzusortieren, um der Fee Stücke zu zeigen, die ihr gefallen könnten. Ein kleiner Kreis neugieriger Leute sammelt sich, verwundert über unsere Aufregung, da diese billige Grobware in jeder Küche Mallorcas zum Einsatz kommt, und die Leute keine Augen mehr haben für die Schönheit ihrer schlichten Gestaltung und des einfachen Dekors. Es hat den Charme aller Bauerntöpferei; und obwohl es offensichtlich als Gebrauchsgeschirr geschaffen wurde, konnte der Töpfer nicht widerstehen, jedem Stück noch einen Extra-Klecks Farbe zu geben. Am meisten sieht man Zitronengelb und tiefes Rotbraun. Die Verzierungen wurden mit einem lässigen Pinsel aufgetragen. Die größeren Küchenstücke sind rote, unglasierte Töpfe von gleicher Form und Machart, wie man sie im Museum zu Pompeii oder im Haushalt des Sizilianers findet.

Es ist an der Zeit, die Fee darauf hinzuweisen, daß wir noch andere Einkaufstage haben, und ich verspreche ihr, daß sie zu späterer Zeit noch reichlich Gelegenheit haben wird, sich mit Tontöpfen einzudecken.

"Aber einen muß ich heute kaufen", sagt sie, "damit ich weiß, daß ich wirklich einen habe."

Zitrone und Jade für dreißig *Centimos* ist billig. Um der reinen Besitzerfreude willen kaufen wir und ziehen weiter.

Bald aber werden wir von einem Polizisten in hellblauer Uniform mit einer Zigarette zwischen den Zähnen angehalten. Wir werden getadelt, wir hätten gegen das lokale Gesetz des "Fußgängerverkehrs in eine Richtung" verstoßen. Auf einer Seite 'rauf, auf der anderen 'runter – so laute das Gesetz. Wir fragen, was denn sei, wenn wir auf der "Rauf-Seite" sind, und der angesteuerte Laden sich auf der "Runter-Seite" befindet? Ja, dann überquere man die Straße, aber nach Erledigung der Besorgung gehe man bitte sofort wieder zurück auf die andere Seite. Diese Straßen sind niemals voll, und es gibt kaum Autoverkehr, aber nichtsdestoweniger hat man auf seiner Seite der Straße zu bleiben, selbst wenn kein anderes menschliches Wesen in Sichtweite ist!

Palma besitzt schöne Läden, einige davon wären sogar elegant genug, um in Paris oder London zu bestehen. Aber die Läden für Damenmode, die Hüte und Kleider anbieten, besitzen weder Stil noch Chic. Sie sind durchaus vergleichbar mit Läden in englischen Provinzstädtchen. Da die Frauen Mallorcas, ja sogar die der Hauptstadt, so gut wie keine andere Garderobe als die Landestracht tragen, sind Hüte und Kleider einfach nicht gefragt. Die Fee hat einen Hutmacher finden können, weil vor seinem Schaufenster eine Gruppe hutloser Frauen stand. Wo auch immer wir in Palma eine Gruppe Frauen vor einem Schaufenster sehen, wissen wir jetzt, daß es sich um einen Hutladen handelt. Hutlose Frauen können Hüten einfach nicht widerstehen, obwohl sie selbst niemals welche tragen. In diesem Fenster sind wohl ein Dutzend Hüte ausgestellt, einfache und gewöhnliche ohne besonderen Charakter oder Originalität. Die Frauen bleiben dort stehen und betrachten jede einzelne Schöpfung mit einem offenbar ununterdrückbaren weiblichen Interesse, aber sie werden bis zu ihrem Lebensende das erhebende Gefühl, perfekt "behütet" zu sein, leider niemals kennenlernen.

Als wir an einem Tabakladen vorbeikommen, fällt mir ein, daß meine Zigaretten aufgebraucht sind. Auf Mallorca gibt es all die würzigen spanischen Marken, aber auch spezifisch mallorquinische, die hauptsächlich von den Bauern geraucht werden. Für sie hat die Fee einen Namen erfunden: "Des Herrenausstatters Freunde" nennt sie diese Sorte, welche die Garderobe beschädigt. Wer auf unversehrte Kleidung Wert legt, vermeide die mallorquinische Zigarette. Ihre Hülle besteht aus einem dicken, weißen, schreibpapierähnlichen Blatt, das zwar gerollt, aber an der Kante nicht geklebt wird. Man drückt das grobe Papier lediglich an beiden Enden zusammen, damit es den krümeligen, schwarzen Tabak nicht verliert – ganz wie bei Kräuterzigaretten für Asthmatiker.

Die Handhabung dieser Zigaretten muß geduldig geübt werden, will man sie unbeschadet rauchen. Beim Anzünden neigt das zusammengedrückte Papier dazu, wie trockenes Gras aufzuflammen und die Augenbrauen zu gefährden. Ist diese Gefahr überwunden, besteht noch das Risiko, daß der Tabak wie ein schwarzer Niagarafall über die Bekleidung schießt, und nur die hohle Röhre Papier zwischen den Lippen kleben bleibt. Der Tabak kann sich auch für eine Reise in die andere Richtung entscheiden: Man gönnt sich einen herzhaften Zug, und die krümeligen, bitteren Innereien der Zigarette ergießen sich in den Rachen! Mit Zeit und Geduld meistert man diese Zigaretten, man wird sie jedoch niemals mögen. Ihr Geschmack ist wie eine Mischung aus brennendem Papier und loderndem Laub; und die Häufigkeit, mit der man sie immer wieder anzünden muß, eine Katastrophe für den Streichholzvorrat.

Mittlerweile sind wir am Rathaus von Palma, *La Casa Consistorial*, angelangt, auf einem offenen Platz, an dem die drei Hauptstraßen der Stadt zusammenlaufen. Dort treffen sich die alten Männer Palmas auf einem langen

Steinsockel vor dem Rathaus. Es sind Männer mit wachen Augen; ihre Gesichter zeigen den großen Frieden, den wir überall unter den Mallorquinern sehen und spüren. Dieser Friede macht die Gesichter schön. Es sind Gesichter von Männern, die wissen, daß sie – nach jahrhundertelangen Kämpfen um die Freiheit ihrer Insel – den Frieden wohl verdient haben.

Die Geschichte Mallorcas war immer turbulent. Zuerst kam Mago, der Bruder Hannibals, mit Mord und Vernichtung, danach brachten die Legionen Roms Eroberung, Wiederaufbau und Befestigung, dann die Vandalen Brandschatzung und Schändungen, später die Mauren. Sie plünderten Palma, raubten die schönsten Frauen und machten in der Folge die Stadt zum Zentrum ihrer Beherrschung des Mittelmeers*). Schlachtenlärm hallte erst wieder in der Halbmond-Bucht, als *Rey Jaime Conquistador*, ein Riese von einem Jüngling, die Insel zurückeroberte und sich damit seinen heldenhaften Platz in der mallorquinischen Geschichte sicherte. Kriege und nochmals Kriege kennzeichneten danach das Leben Mallorcas bis ins letzte Jahrhundert, als bei Kämpfen auf Kuba die Mallorquiner so schwer gelitten hatten, daß sie als Belohnung für ihr Heldentum vom spanischen Militärdienst befreit wurden. Diese Bevorzugung wurde zwar zwischenzeitlich zurückgenommen, aber für die alten Männer bleibt Mallorca eine Insel, die ihren Frieden mit der Welt gefunden hat.

In ihnen erkennt man eine Rassenmischung, deren Typen so klar definiert sind, daß wir sagen können: dieser hier ist Römer, der dort Maure, und jener ein reinrassiger Kastilier.

---

*) Zwischen 902 und 1229 war Mallorca unter maurischer Herrschaft. In diesen gut 300 Jahren erlebte die Insel einen beispiellosen wirtschaftlichen und kulturellen Aufschwung. Nur noch wenige Bauwerke (z.B. der Almudaina-Palast und die arabischen Bäder in Palma), aber viele Ortsnamen (z.B. Alaró, Algaida, Fornalutx, Banyalbufar, etc.) erinnern an diese Epoche, die mit der *Reconquista* im Jahre 1229 unter Jaime I. ein abruptes Ende fand.

In ihren Augen, die noch wie in der Jugend glänzen, spiegelt sich unsere Neugierde, und ein alter Kopf beugt sich zum nächsten, um über die Vorbeigehenden zu flüstern.

Einer, ein dünner, alter Mann mit klarer, sandsteinfarbiger Haut und einer Adlernase, trägt die Nationaltracht der Männer Mallorcas: auf seinem Kopf sitzt ein schwarzer, spanischer Hut mit breiten Flügeln, der Art, mit dem Plakatmaler in England so gern die Zäune schmücken. Ein weiter, schwarzer Umhang reicht von den Schultern fast bis zum Fußgelenk, und darunter erblicken wir eine kurze, engsitzende Strickweste. Die Hose aber ist sein Hauptstolz, sie ist ausladend und sehr weit wie das Beinkleid einer türkischen Frau und reicht ihm bis zu den Waden, wo sie um seine schwarzen Strümpfen befestigt wird. Ihre Herstellung hat viele Meter Stoff verschlungen; beim Laufen weht sie um seine Beine wie ein Faltenrock. Derartige Hosen sind Überbleibsel der maurischen Besetzung und immer seltener auf den Balearen anzutreffen. Die Männer heute tragen überwiegend Mantel und Hose des zivilisierten Europäers; der breite Hut und die morgenländische Tracht sind jetzt nur noch bei feierlichen Anlässen zu sehen, für *Fiestas* und nationale Feiertage.

Wir wenden uns den alten Männern zu, weil wir an ihnen ein besonderes Interesse haben. Wenn wir ein neues Land bereisen, beobachten wir zuerst die ältere Generation und die jungen Frauen. Sie vermitteln uns einen Einblick in die sozialen Zustände des Landes. Sehen wir, daß die jungen Ehefrauen apathisch, mürrisch und desinteressiert sind oder die alten Männer müde und regungslos wirken, dann erwarten uns oft unbequeme Unterkunft, schlechtes Essen, Schmutz, ja sogar offene Unhöflichkeit. Aber hier wartet nichts von alledem. Die alten Männer sind kräftig und wach, und der vogelartige Glanz ihrer Augen verrät die Lebendigkeit ihrer Geisteskräfte. Die Frauen lächeln allesamt, arbeiten und scheinen ihre Arbeit zu mögen.

Dieses Interesse und Stolz auf ihre Arbeit sind Gründe für das Glück der Mallorquiner. Sie gehen ihr nicht unwillig und apathisch nach, sie wird nicht erledigt, weil sie eine Pflicht bedeutet, sondern sie wird eher mit der Einstellung eines Künstlers verrichtet. Man sieht kaum mürrische Arbeiter, dafür aber viele, die bei ihrer Verrichtung singen.

Endlich gelangten wir zurück zum Hotel. Wir hatten Hunger, da wir seit acht Uhr morgens durch das Labyrinth der Straßen Palmas gewandert waren. Nach einer Reise über Tage und Nächte ist man normalerweise nicht sogleich bereit, lange Spaziergänge zu unternehmen, aber die Reise von Barcelona nach Palma ist so erholsam (ruhigen Seegang vorausgesetzt), daß man sofort auf Entdeckung gehen mag.

Im Hotel begrüßte uns der Junge mit dem melancholischen Blick und führte uns zu einem Tisch im Eßzimmer, das durch eine Wand aus Holz und Glas vom kalten, kahlen Eingang getrennt war und sich zu einem kleinen Innenhof öffnete. Die Wände hatten eine leuchtend gelbe Farbe bis auf die obersten 70 Zentimeter, die aus einem phantastischen Fries mit dunkelgrünen Hügeln und Tälern voller Zypressen bestanden.

Das Menü zeigte in bunter Reihenfolge französische, spanische und mallorquinische Gerichte. Zuerst kamen die *Entremeses variados*, die Vorspeisen, die aus Sardellen, Radieschen und Kartoffeln mit gehackten Zwiebeln bestanden. Danach kam *Arroz Paella*, ein merkwürdiges Gericht. Die Fee schaute irritiert, schreckte zurück und sah mich an: "Das kann ich nicht essen, wirklich nicht. Es ist der Tintenfisch, der eins drauf gekriegt hat," sagte sie.

Ich hätte ihn kaum wiedererkannt, wären da nicht die traurigen Fühler, die jetzt in einem Sud des Todes ruhten, mit einem anderen Namen getarnt. Eingebettet war er in Muscheln, rosa und schwarz, die dort in ihren offenen Schalen lagen. Die Fühler steckten zwischen gekochten

Reiskörnern, die eine braune Soße aufgesaugt hatten; hie und da leuchtete das Rot einer Tomate. Ich bat die Fee, die Mischung zu probieren, aber sie wollte davon nichts hören. Der Tintenfisch hatte ihr den Appetit verdorben. Ein Tier zu essen, dem man, um sie zu amüsieren, während seines Todeskampfes einen Schlag verpaßt hatte, in Fühler zu beißen, die in hilfloser Drohgebärde zitterten, ohne sich rächen zu können, einen Körper zu schlucken, der lila vor Entrüstung über den unprovozierten Angriff anlief, sich zu ernähren von Augen – jawohl, von Augen, sagte sie – die sie beim Sterben vorwurfsvoll angestarrt hatten, das war der Fee zuviel! Aber ich, in meiner Borniertheit, vergaß die vorwurfsvollen Augen, den lilagefärbten Körper, die hilflose Drohung der Fühler, aß und genoß. Der Tintenfisch war ein neuer Geschmack für mich, weich und heimtückisch, zuerst fast undefinierbar. Er schmeckte wenig nach Fisch, sondern eher nach .... aus Rücksicht auf sehr vornehme Leute muß ich flüstern: er schmeckte nach dem verachteten, dem geringgeschätzten Abfall: nach Kutteln.

Danach kam *Fidcot à la Parisien*, ein Gemisch aus Makkaroni, Zwiebeln und einigen Streifen Hammelbrust, dann *Medlan Merlan* – ein roter Fisch mit Remouladensoße; *Ragout de Ternera*, ein charakterloser Fleischeintopf mit Bratkartoffeln und Kräutererbsen. Das nächste Gericht, *Alcachofas catalane*, war nichts weiter als Artischocken mit Zwiebeln gegart. Zuletzt kam ein *Dulce*, Karamelpudding, dazu ein Korb voll mit Früchten – Apfelsinen, Kirschen, Nespolis und Bananen von den Kanarischen Inseln – und Wein, Wein gratis und ohne Einschränkung; eine Flasche, zwei, wie wir wollten. Der Tischwein Mallorcas ist entweder körperreich, graziös und fruchtig oder mit Wasser verdünnt und leicht säuerlich. Überall wird er kostenlos ausgeschenkt, so viel man möchte, sogar im kleinsten Provinzgasthof erschien, sobald wir eine Flasche leergetrunken hatten, die nächste auf dem Tisch.

Die schiere Masse einer mallorquinischen Mahlzeit ist überwältigend. Wir konnten nicht einmal die Hälfte von dem aufessen, was uns vorgesetzt wurde. Wie wir später herausfanden, sind die Portionen auch in den Wirtshäusern auf dem Lande riesig, aber die Mahlzeiten einfacher und, im Gegensatz zum Hotelessen in der Hauptstadt, nicht durch Abwaschwasser verdorben, das als Soße gilt.

In den ländlichen *Fondas* bilden meist Lammkoteletts das Hauptgericht. Sie waren Bestandteil fast jeder Mahlzeit, da die Schafzucht eines der Hauptgewerbe auf der Insel ist, und Unmengen von Lämmern in ihrer frühen Jugend geschlachtet werden. Auch Fische gibt es überall: schöne Meeräschen, Thunfische, Weißlinge, sogar Hummer aßen wir in einigen Lokalen außerhalb Palmas.

Die einfache Kochkunst der Leute auf dem Lande hat die Fee begeistert, da sie die pikanten Tarnungen, die gutes Essen verdecken, wenn es einem Fremden vorgesetzt wird, nicht ausstehen kann.

Manchmal gibt es etwas Gebäck zum Obst. Was Gebäck betrifft, sind die Mallorquiner genial! Die Kruste ist feiner und schmeckt voller als Bisquit, aber die Füllungen der Törtchen und Windbeutel sind oft überraschend. Dieses hier enthält Konfitüre, gut so, aber jenes dort ist mit grünen Kräutern gefüllt, und da braucht man schon geübte Geschmacksorgane, um so etwas zu genießen. Zuweilen ist ihr *Dulce* nichts weiter als ein Viertelpfund steifes Pflaumenmus, das in großen Mengen hergestellt wird und in vielen Läden zu kaufen ist.

Die anderen Gäste im Eßsalon, wo wir unser erstes Mahl nahmen, waren nicht sonderlich interessant, die meisten spanische Geschäftsleute auf Reisen, die schnell und lässig aßen, und gingen, sobald sie fertig waren.

Der Inhaber des Hotels kam zu uns an den Tisch, ein kleiner, schlanker Mallorquiner, mit schwarzer Kleidung, schwarzem Haar und aufmerksamen dunklen Augen. Ob wir gut gegessen hätten? Jawohl, sehr gut. Und ob wir länger bleiben wollten? Das wüßten wir noch nicht, vielleicht eine Woche, bevor wir ins Landesinnere aufbrächen; danach würden wir ohne Zweifel wieder hierherkommen. Er würde uns sehr gerne alle Informationen geben, die wir benötigten. Er machte eine Verbeugung und stahl sich wie eine schwarze Katze davon.

Wir wollten uns einen Ausblick auf die Stadt Palma von den Höhen des Wohnviertels *El Terreno* gönnen, das auf den Hügeln des westlichen Ufers der Bucht liegt. Um dorthin zu gelangen, gingen wir durch das Fischerviertel. Auf einem Weg, der durch ein Labyrinth enger, von weißen Häuschen gesäumter Gassen führt, die im Sonnenschein die Augen blenden, lernten wir wahre mallorquinische Gastfreundschaft kennen.

Wir zeigten gerade unser Interesse an der Architektur eines kleinen Gebäudes mit maurischem Eingang und glänzenden, grünen Fensterläden, als ein kleines Mädchen sich von den Treppen erhob und zu uns herüberkam. Ihr Mund war mit Honig verschmiert vom Honigbrot, in das sie schon mehrmals gebissen hatte. Als sie einen Meter vor uns stand, hielt sie inne und bot uns die Scheibe an.

Es ist nun einmal die Gewohnheit der Mallorquiner, einen Fremden einzuladen, das Essen mit ihnen zu teilen. Während unserer folgenden Ausflüge über die Insel haben wir mehrfach solche Angebote erhalten. Aber wir nahmen sie niemals mehr an, da uns das kleine Mädchen mit ihrem Brot und Honig eine Lektion erteilt hatte. Ohne Böses zu ahnen, und weil wir guten Willen zeigen und ihre Gefühle nicht verletzen wollten, bedankten wir uns und bissen, jeder einmal, hinein. Beim zweiten Biß veränderte sich das Gesicht des Mädchens in alarmierender Weise: die braunen Augen öffneten sich weit, ihre Mundwinkel bogen sich nach unten, dann zitterten ihre Lippen, und plötzlich brach sie in Tränen aus. Wir hatten einen Fehler gemacht. Ihr Angebot war als Geste der Begrüßung gemeint, und nicht als Einladung zum Essen. So ist es Volksbrauch auf Mallorca. Als wir ihr schnell das Brot zurückgaben, versiegten die Tränen, und sie lächelte wieder. Wir nahmen Abschied und ließen sie den Rest glücklich allein aufessen.

Außerhalb des Fischerviertels ändert sich der Charakter Palmas: die Hänge über der blauen Bucht sind mit vornehmen weißen Villen bebaut. Viele davon besitzen wunderschöne Terrassen und Gärten, die von roten Geranien überquellen. Lila Bougainvilleen klettern die Wände hoch. Hier bemerkt man den Einfluß der englischen Kolonie – an den Häusern, an den wenigen Läden und am Hotel Mediterraneo, das in einer Einbuchtung auf den Klippen steht.

Auf einer Anhöhe reckt sich Schloß Bellver aus dem 13. Jahrhundert über einen Pinienwald, der den ganzen Hügel bedeckt. Auf einem steinigen Weg durch den Wald ging es nach oben und über einen tiefen, trockenen Graben in die Burg. Wendeltreppen führen hinauf in die Türme.

Auf den vom Wetter gezeichneten Zinnen erlebten wir den Sonnenuntergang über Palma. Die Berge hinter der Stadt wurden dunkler, dann schwarz. Dünne Wolken mit rosa Nuancen lagen darüber, das Blau der Bucht verfärbte sich in ein tiefes Purpur, zwischen diesem Purpur und dem Schwarz der Berge lag Palma, eine silberweiße Stadt, mit Lichtern geschmückt.

Und jetzt waren wir müde, wir wollten schlafen. Hier oben war die Luft so sanft, wir hätten gut auf den Steinen zu unseren Füßen einschlafen können. "Laß uns doch wieder hinunter, durch den dunklen Pinienwald und die weiße Straße entlang zurück zu den gelben Tagesdecken auf dem gesegneten Paradies, dem Bett!"

Da dieses Buch eine persönliche Darstellung einer Reise sein soll, vermeide ich eine detaillierte Schilderung der Kunstwerke, der Kirchenarchitektur und der historischen Paläste, die wir in Palma besuchten. Vielmehr möchte ich einen Eindruck von der Seele der Insel vermitteln, des Charakters der Bewohner, ihrer Gewohnheiten und Traditionen. Daher erzähle ich hier hauptsächlich von unseren Abenteuern und den Menschen, die uns auf Mallorca begegneten.

Aber ich kann nicht von Menschen reden, ohne ein Wort über die alten Schlösser der ausgestorbenen und aussterbenden Familien Mallorcas zu verlieren. Viele Gebäude erinnern an die alten Paläste in Florenz: Gebäude mit massiven Türen, deren Eisenfutter den Innenhof von der Straße trennt, ein Überbleibsel der Tage, als der stählerne Klang von Schwert auf Schwert die Stadt beherrschte, und Blut so billig war wie Wein.

Diese alten Schlösser boten Schutz vor dem Terror der Straßen, dorthin konnte man sich sogar vor einem Rammbock retten. Heutzutage stehen die Türen sperrangelweit offen, und man kann den Innenhof besichtigen und bei den schönen Brunnen verweilen, die sich mit ihren behauenen Steinen und Schmiedeeisen aus dem Pflaster erheben. Die gebogene Steintreppe, die vom Innenhof zur Haupttür führt, kann man emporsteigen und es mag – falls man sehr höflich fragt – passieren, daß man einen Blick in die hochgelegenen Räume werfen darf.

Man könnte Wände sehen, an denen die besten Gemälde von Murillo, Rubens und Velazquez hängen. Man könnte Räume sehen, die voller Damaste, Gobelins und dem exquisiten, blauweißen Leinen sind, welches die glücklichen, mallorquinischen Bauern seit Jahrhunderten herstellen. In Gärten findet man gelegentlich Relikte früherer Herrscher wie etwa in den Arabischen Bädern, morsche, stille Ruinen einer erhabener Schönheit.

Hier steht das Haus eines mallorquinischen Grafen, der vor ein paar Jahren in Armut starb, weil er die Schulden seiner engsten Freunde beglichen und sich selbst damit ruiniert hatte. Dort gibt es eine Kirche, in der vor mehr als vierhundert Jahren die hiesigen Versionen der Montagues und Capulets während des frommen Gottesdienstes ihre Fehde austrugen, die Schwerter zogen und Anhänger zusammenriefen. Die wenigen Überlebenden verließen die Kirche erst, als dreihundert Tote ihren Boden bedeckten. Fast jede Straße und jedes Haus in Palma hat eine eigene romantische mal tragische mal heitere Geschichte.

Nach und nach verblaßt die Romantik einer historischen Stadt. Wir wandern für einige Zeit durch die Schemen der Vergangenheit, in der Könige und Ritter, Bänkelsänger und schöne Damen vor unserem geistigen Auge flanieren, uns auf der Straße begleiten und in ihren Palästen begrüßen. Bald aber, als wir davon gesättigt sind, stellt sich zwangsläufig die Gegenreaktion und ein Hunger nach Wirklichkeit ein, nach menschlichem und lebendigerem Kontakt mit der Insel.

Geister sind an sich freundliche Geschöpfe, willig und entgegenkommend. Sie erscheinen, wenn wir sie rufen und gehen wieder, wenn wir es wollen. Vielleicht langweilen sie uns aus diesem Grund, wenn sie sich also weigern, uns die Würze des Konfliktes zu gönnen, die dem Leben so viel Geschmack verleiht. Wir wollen sie nun verlassen, um auf die Suche nach Wesen aus Fleisch und Blut zu gehen, an die alte Kaimauer vor allem, um der menschlichen Spinne bei der Arbeit zuzusehen.

Es ist ein bezaubernder Tag für einen Spazierengang, der Himmel blau und wolkenlos. Das Blau des Meeres legt sich in sanfte Wogen. Eine schwache Brise schüttelt die Palmen am alten maurischen Alcázar; die Berge herum sind diesig, in einem rauchigen, blauen Hitzedunst. Während wir gehen, singen wir, da wir immer mehr den exquisiten Frieden Mallorcas spüren, die göttliche Seelenruhe, die das Herz mit Musik füllt.

Auf der Seepromenade, im Schatten der Kathedrale, spinnt die "menschliche Spinne" – so taufen wir den Mann – aus Palmenfasern den "Faden", der eine so große Rolle im täglichen Leben der Mallorquiner spielt. Ihre Schuhsohlen bestehen aus zwei oder drei eng zusammengepreßten Schichten von Fasern, auch die Sitze ihrer Sessel und oft auch die Vorhänge für ihre offenen Türen.

Die "menschliche Spinne" arbeitet auf einer etwa hundert Meter langen Freifläche. Wir nennen ihn die Spinne, weil er beim Gehen spinnt, und einen perfekten Faden hinterläßt. So geschickt ist er, daß er jede Sekunde einen Meter schafft, so daß er in anderthalb Minuten einen einhundert Meter langen Faden vollendet. Um seine Taille herum, unzählige Male gewickelt, trägt er seine grasigen Fasern wie rauhe Haare, die ihn wie einen lebendigen Kokon aussehen lassen. Ein Ende der Faser befestigt er an einem Haken in der Mitte eines groben Rades und geht langsam davon.

Das Rad dreht sich langsam unter der Hand seines jungen Sohnes, der auf das Meer hinausblickt und von Schiffen träumt, auf denen er niemals segeln wird. Auch er gehört schon zu den Generationen menschlicher Spinnen, die hier seit Jahrhunderten arbeiten.

Die Spinne geht in der Sonne spazieren und läßt die Finger im Kokon spielen wie ein sensibler Geiger auf den Saiten. Aus dem Kokon entspringt sozusagen, wie durch ein Wunder, dieser feine Faden, der ihn mit dem sich drehenden Rad verbindet, und der Faden wächst mit einer Geschwindigkeit, die an den alten Zaubertrick der endlosen Schleife aus dem Hut erinnert.

Er und seine Vorfahren haben mehr als sechshundert Jahre lang hier – unter freiem Himmel – gesponnen. Von diesem Platz aus sahen seine Vorgänger am Horizont die gefürchteten Segel der arabischen Piraten und auch die Galeeren der Mauren, die um die Küsten herum lauerten im vergeblichen Versuch, die Insel vom *Rey Jaime Conquistador* zurückzuerobern.

Wir fragen ihn, wie er aus der Faser auf so wunderbare Weise den Faden herausbringt. Er zuckt mit den Schultern, und sein dunkles Gesicht lächelt uns an. Er kann es nicht sagen, da er es selbst kaum weiß. Er könnte uns seine Fertigkeit nicht einmal beibringen, ebensowenig wie eine Spinne einem plumpen Käfer beibringen könnte, wie ein Netz zu spinnen ist. Das Talent wurde ihm angeboren.

"Ich konnte es schon," sagt er uns, "als ich so klein war, daß ich nicht mehr als zwanzig Wörter sprechen und noch nicht mal richtig laufen konnte. Aber es ist recht einfach, schauen Sie einmal":

Er ruft einen noch jüngeren Sohn herbei, der mit den unsicheren Schritten des Kleinkindes angewackelt kommt und sich, nachdem er ein Bündel der gelben Faser von seinem Vater genommen hat, langsam vom sich drehenden Rad entfernt und mit gerunzelter Stirn hinunter auf den Kokon um seine Taille blickt. Seine kleinen, dicken Finger arbeiten in der weichen Masse, aus der ein Faden entsteht, wie der Vater es auch gemacht hatte: ein gröberer Faden, weniger fachmännisch, aber einer, mit dem man ein Maultier festbinden oder sich selbst aufhängen könnte. Der Vater schaut mit Augen voller Stolz auf den kindlichen Handwerker. Keine weltlichen Güter, Titel oder Reichtümer kann er seinem Sohn vererben, er hat ihm stattdessen diese Fertigkeit gegeben, im Wissen, daß die Familientradition weiterleben wird, wenn er selbst längst verblichen ist.

Dieser eifrige, kleine Mann zeigt uns seinen Schuppen und darin die Bindfäden, die er fertiggestellt hat, Dutzende von Bündeln, auf Stöcken gerollt.

Als die Fee sagte, sie würde es gern einmal probieren, gab er ihr einen Faserkokon, sah sie mitfühlend an und hoffte auf ihren Erfolg. Als sie es aufgab, schüttelte er den Kopf mit Bedauern, als ob es ihm weh tat, sie scheitern zu sehen.

"Soll ich ihm ein Trinkgeld geben?" fragte ich, als wir uns aufmachten. "Ich weiß nicht," sagte die Fee, "vielleicht, da wir ihn von seiner Arbeit abgelenkt haben – aber er sieht nicht so aus, als ob er ein Trinkgeld annimmt."

Ich bot ihm zögernd eine *Peseta* an. Er lächelte und winkte ab. Dann sah ich eine kleine, dicke Hand, die plötzlich von hinter dem Rad hervorkam, eine geöffnete Hand, mit der Innenfläche nach oben! Im Vorbeigehen ließ ich die *Peseta* dort hineinfallen. Der Eigentümer der Hand warf dem Vater einen schnellen Blick zu, aber der hatte den "Verrat" des Sohnes nicht gesehen!

Ein letzter Blick, bevor wir aus ihrer Sicht verschwanden, offenbarte das Schicksal der "unehrlich" verdienten *Peseta*, als sich eine Staubwolke in Richtung Zuckerbäckerei bewegte. In der Wolke steckte irgendwo ein Junge !

Etwas später trafen wir auf einen Wasserverkäufer, der seinen Wagen mit vollen Lehmtöpfen durch die engen Straßen bugsierte. Wie ein Milchmann liefert er täglich Wasser für ein paar *Céntimos* an die Armen, die keinen Innenhof für einen eigenen Brunnen haben. Er ist schlank und tatkräftig. Er hält vor einem Haus, hebt einen schweren Topf auf jede Schulter und geht majestätisch durch die Tür und einige Treppen hoch. Das Tragen der Wassertöpfe auf dem Kopf oder auf den Schultern wäre ein gutes, tägliches Training für diejenigen, die ihre Körperhaltung verbessern möchten. Diese, mehr als irgendeine andere Form der körperlichen Arbeit, entwickelt die Souveränität und Grazie im Gang, die so sehr von Leuten gewünscht wird, die sonst keine positiven Eigenschaften aufzuweisen haben. Das Tragen selbst versteift den Körper, aber wenn die Last entfernt wird, nimmt er seine natürliche, entspannte Position wieder ein.

Ich glaube, dieser Wasserverkäufer war sich seiner perfekten Haltung durchaus bewußt, da er beim ersten Anblick der Kamera der Fee innehielt. Er stellte sich mit Blick zum Fotoapparat gerade hin und lächelte. Dieses Angebot konnten wir nicht ablehnen. Er nahm die Pose eines jungen Gottes ein und, nachdem das Foto gemacht war, bot er uns an, aus seinen Wassertöpfen zu trinken.

NEUE FREUNDE

Heute wollen wir einen Besuch machen. In Paris hatten wir von einem Priester gehört, der ein außergewöhnlich begabter Musiker sei, und man hatte uns gedrängt, ihn zu hören: "Er wird euch die Haare zu Bergen stehen lassen."

An diesem Nachmittag also, während die breiteren Straßen Palmas vor Hitze flimmern, gehen wir hinunter zur Kathedrale um nach dem musizierenden Priester zu suchen.

Nach der grellen Sonne und der Hitze der Straße ist es düster und kühl in der Kathedrale, fast stockdunkel. Hoch in einer Wand befindet sich ein großes, rundes Buntglasfenster, durch das die Sonne in langen, schrägen, dünnen Strahlen in vielen Farben dringt und den Steinboden und uns im Gehen verfärbt.

Aus der Fee wird eine Verwandlungskünstlerin: In einem Moment ist sie die "Lady in Rot", dann plötzlich die "Gelbe Gefahr". Die Strahlen haben eine merkwürdige Wirkung auf die Leute im Dunkeln. Einen Augenblick sieht ein Gesicht bedrohlich und furchterregend gelb aus, dann ist es leichenhaft blau oder scheußlich mit blutigem Teint. Wir weichen entsetzt zurück, und die Fee schreit kurz auf, als ein grauenhaftes, blaßlila farbenes Gesicht von unten zu uns aufblickt. Es ist aber lediglich eine der alten Frauen, die den Boden wischen. In einer langen Reihe kriechen sie auf allen Vieren langsam rückwärts, quer durch die Kathedrale; und wenn dabei ein farbiger Strahl ihre faltigen Gesichter und glänzenden Augen streift, werden sie in unheimliche "Theaterhexen" verwandelt. Das weiche Wischen ihrer nassen Lappen über den Boden erinnert an das Geräusch einer Schlange, die über Steine gleitet. Auf solche Effekte wäre jeder Theaterregisseur stolz.

Nachdem sich unsere Augen an die Dunkelheit gewöhnt hatten, gingen wir durch die Kathedrale, und schließlich fanden wir den Messner in einer Seitenkapelle, der sich gerade die Richterperücke und ein scharlachrotes Gewand auszog. Die feinen, dünnen Züge seines Gesichts erinnerten uns an einen ehemaligen Lordkanzler Englands. Er verließ die Kapelle in würdevoller Ruhe und sagte uns, Organist Tomás sei nicht da, käme aber später. Wenn wir uns um sechs Uhr abends wieder einfänden, würden wir ihn antreffen. Er werde Tomás ausrichten, daß wir ihn sehen wollten, und er würde uns bestimmt empfangen.

Dann begleitete er uns hinaus, ohne sich als Führer aufzuspielen. Er ging in ruhiger Würde neben uns her und schien fast zu träumen. Ab und zu wiederholte er: "Ja, er wird Sie mit Sicherheit erwarten" und schwieg wieder. Seine Augen schienen in weite Ferne zu schauen, ruhig und bedächtig.

Draußen empfing uns greller Sonnenschein; wir setzten uns, um auf den musikalischer Priester zu warten.

Als wir erneut in die Kathedrale gingen, stand er unter dem Bogen, über der sich die große Orgel befand. Bei ihm war unser Messner mit der weißen Perücke, der uns als Geste des Wiedererkennens die Hand entgegenstreckte und sich dann zurückzog. Organist Tomás kannte uns nicht, hatte nie von uns gehört, aber er kam uns bereitwillig entgegen. Man spürte seinen Charme bereits, bevor man seine Hand berührte. Ein dunkler, lebhafter, kleiner Mann mit den glühenden Augen eines Enthusiasten, ein sensibles Gesicht mit schnell wechselndem Ausdruck, plötzlichem Lachen und genauso plötzlichem Ernst. Als er redete, bewegten sich seine Hände kontinuierlich mit zarten, ausdrucksvollen Gesten; die weichen Nuancen seiner Stimme klangen wie Musik in der dämmrigen Stille. Er sprach uns auf Französisch an und fragte, was er für uns tun könne. In Paris hätte man uns von seinem Orgelspiel erzählt: "Den müßt ihr spielen hören; euch werden die Haare zu Bergen stehen", sagte man uns. "Da sind wir also – und Sie sehen, wir haben uns die Haare nicht schneiden lassen."

Wie er lachte! Die Haare! Das sei gut. Nun, er würde gerne für uns spielen, wenn wir das möchten, aber leider nicht jetzt. Wenn wir morgen kommen könnten, würde er es für uns tun, er werde ein kleines Programm für uns arrangieren, eine Stunde oder so, falls wir es eine Stunde aushalten könnten!

Und ob es uns interessieren würde, das Klavier Chopins zu sehen, worauf die Regentropfenprélude komponiert worden sei? Der Fee sprangen fast die Augen aus dem Kopf, da sie solche Reliquien fast für heilig hält. Das echte Klavier Chopins war hier, in Palma? Und sie könne es sehen?

Ja, sagte er, es sei noch dort, wo der Komponist es zurückgelassen hätte, im Haus der Señora Soundso.

Die Señora gehöre zur Familie Canut, die Chopin dazu gebracht hatte, nach Mallorca zu kommen. Mit Vergnügen würde er uns der Señora vorstellen, falls wir das wünschten. Wir fürchteten, seine Großzügigkeit auszunutzen.

"Ach was", meinte er, "wir Bewohner der Inseln der Ruhe, fern der Welt, zeigen gern unsere Schätze, wenn man zu uns kommt."

Wir begleiteten ihn, während er sprach, auf seinem Weg durch die Kathedrale. Dann führte er uns zur Tür einer kleinen Steinwendeltreppe in einer Seitenkapelle, wo sich die Empore befand. Er neigte sich über die Tasten der Orgel und erklärte die vielen Registerzüge und welche Musik er am liebsten spiele. Sein Repertoire war erstaunlich; er konnte jedes beliebige Stück der Komponisten, die wir erwähnten, auswendig. Purcell, Strawinsky, Goossens, er kannte sie ausnahmslos alle.

Dann sagte er zur Fee: "So, heute aber werden Sie für mich spielen." Sie protestierte, sie hätte noch nie auf einer Orgel gespielt, das Klavier sei ihr Instrument, aber er ermutigte sie: "Ich werde für Sie pumpen" und verschwand in einer Höhle mitten im Wald der glänzenden Pfeifen.

56

Bald fing die große Orgel an zu grunzen, zu ächzen und zu klopfen. Die Fee saß vor dem langen Doppelmanual und dem Heer der Registerzüge und starrte sie fassungslos an. Zögernd hob sie die Hände und ließ sie nervös wieder fallen. Dann faßte sie Mut und legte eine Hand auf die untere Tastatur. Ein schriller Klang wie ein Hupen und ein Schrei zugleich heulten in die Kathedrale hinaus. Die Fee zog die Hände rasch zurück, als ob das Elfenbein vor Feuer glühte. Ein Paar überraschter Augen blickten mich an. Sie ging zur Brüstung und schaute in die Tiefen der Kathedrale hinunter. Gespenstische Gesichter, durch den Strahl des Buntglasfensters entsetzlich verfärbt, sahen hinauf zur Orgel; es waren die Gesichter von Priestern, die sich auf die Abendmesse vorbereiteten, und von dem Heulton aufgeschreckt worden waren.

Von der Rückseite der Orgel kam nun eine ermutigende Stimme durch die Pfeifen, und die Fee versuchte es wieder, dieses Mal mit etwas Erfolg. Sie spielte "Der Dichter spricht", und als sie fertig war, hörte die Orgel auf zu ächzen, und Ruhe kehrte wieder in *La Seo* ein. Der Organist Tomás trat aus seinem "Rohrwald". Die Fee schaute ihn mit weit aufgerissenen Augen an, fast überwältigt von dem Eindruck, daß sie der riesigen Orgel tatsächlich harmonische Klänge entlockt hatte.

"Aber – das entsetzliche Heulen!" sagte sie. "Es hat die Priester da unten erschreckt!"

Der kleine Organist machte eine beschwichtigende Bewegung mit den Händen.

"Nein," sagte er, "sie werden glauben, es war die Stimme eines Engels." Einen Augenblick lang schaute er uns todernst an, mit dem Kopf zur Seite geneigt, und dann lachten uns seine Augen an.

Als wir gingen, hatten wir einen Termin für den nächsten Morgen mit ihm abgemacht: Sein Konzert werde um zehn

Uhr beginnen, und danach würden wir die Señora Soundso aufsuchen und ihr kostbares Klavier besichtigen. Er stand in der Tür der Kathedrale wie ein fröhlicher Kobold und schenkte uns ein Abschiedslächeln.

Wir glaubten langsam, die Seele Mallorcas zu entdecken; und auch später trafen wir immer wieder auf diese begeisterte Hilfsbereitschaft. In wie vielen Hauptstädten, frage ich mich, könnte man einen Domorganisten finden, der für zwei unbedeutende Fremde spielen würde, die als einzige Empfehlung eine zufällige Bemerkung eines Bekannten mitbrachten?

Als wir am nächsten Morgen erschienen, gab uns der lächelnde Musiker ein maschinengeschriebenes Programm mit typischen Kompositionen, das er speziell für uns zusammengestellt hatte. Es enthielt folgende Musikstücke:

Gagliarda	B. Schmid (16. Jahrh.)
Pavana Italiana	de Cabezón (1510-1560)
Minuetto de la Sonatina	Moreno (18. Jahrh.)
Pavana	Byrd (1538-1623)
Präludium und Fuge in F	Bach (1685-1750)
Offertoire	
pour la Messe de Minuit	Franch (1822-1890)
Die Ehre alleine	Bach
Ronde des Princesses	Strawinsky
(aus dem Feuervogel)	(erste Fassung)
Choral de l'Histoire du Soldat	Strawinsky
	(letzte Fassung)

Wir setzten uns an das andere Ende der Kathedrale, um die volle Wirkung der Musik auszukosten. Und dann spielte er eine ganze Stunde lang.

Wäre ich Mitglied der alles niedermachenden Sippe der Musikkritiker, würde ich vielleicht schreiben, er hätte mit "Charme und Auszeichnung" gespielt, daß seine Leistung "vollkommene Begeisterung" hervorrief oder daß seine Interpretation von Bachs Präludium und Fuge "nichts zu wünschen übrig ließ": vage Gemeinplätze des Journalismus, die so bedeutungslos wie das Leben sind. Wer behauptet von sich, die Werke eines Genies, wenn sie von einem Genie interpretiert werden, adäquat beschreiben zu können? Ich nicht. Für mich muß es reichen zu sagen, daß diese Stunde für uns die aufregendste Stunde war, die wir seit einem Jahr erlebt hatten. Es genügt zu sagen, daß wir mit angehaltenem Atem dasaßen, daß die Hexen mit ihrer endlosen Schlangenzischerei beim Bodenwischen aufhörten und sich zurücklehnten, während die Strahlen ihre lauschenden Gesichter bemalten, daß Leute, die zufällig die Kathedrale betraten, innehielten und stehenblieben, bis die Musik aufgehört hatte und das letzte Echo verhallte, hoch oben im unsichtbaren Dach ...

Hinter uns raschelte es: "Und jetzt", sagte der kleine Organist, "wollen wir das berühmte Klavier kennenlernen."

Ein kurzer Gang durch die engen, winkeligen Gassen im Herzen der Stadt brachte uns zur Wohnung der Señora Soundso, einer angenehmen, etwas zurückhaltenden Frau mit zwei kraushaarigen kleinen Jungen, die an ihrem Rock hingen und uns dahinter hervorschauend beäugten. Die Wände des Zimmers, in dem sie und ihr dunkler, gedrungener Ehemann uns empfingen, waren mit Hunderten von Tellern in jeder nur vorstellbaren Größe, Stilrichtung, Farbe und Form behangen. Es war eine Nationale Galerie der Teller, welche die Familie sichtlich mit Stolz erfüllte.

Señor Soundso nahm einige Exemplare für uns von der Wand und faßte sie an, so wie Kenner es immer mit ihren Schätzen tun: zärtlich, beinahe mit Ehrfurcht. Nur seine Höflichkeit hatte ihn davon abgehalten, die Teller festzuhalten, während wir sie betrachteten. So richtig glücklich konnte er nicht sein, solange eines seiner Prachtstücke in den Händen eines Fremden lag. Chopins Klavier stand in einem dunklen Innenraum an der Wand. Wir wurden mit einer Art leiser Ehrfurcht hineingeführt, und die Vorhänge öffneten sich. Zu fünft, mit den zwei Kindern immer noch im Rock der Mutter versteckt, standen wir um das Klavier aus Rosenholz herum, während der Deckel von der Tastatur abgenommen wurde.

Dem Klavier fehlten im Vergleich zu modernen Instrumenten einige Tasten, so daß es wie eine Miniaturausgabe aussah. Obendrauf lag eine vergoldete Decke, und auf ihr wiederum stand eine Ansammlung von Nippes, Statuen und Büsten, alle im Kleinformat. Dahinter an der Wand hing ein gerahmter Brief von Chopin, in dem der Komponist einige Instruktionen für dieses Klavier gegeben hatte, daneben ein Foto von George Sand und noch eins, von Frau Canut. Das Zimmer war nichts anderes als ein Schrein für das triste, kleine Klavier, das Chopin nach Mallorca mitgebracht hatte, um es dort zurückzulassen.

Die Fee spielte einen Akkord; die Señora und ihr Mann wechselten einen hastigen Blick. Die Fee spielte mit einer Hand die ersten Takte der *Prélude*; die Señora und ihr Mann schauten einander schmerzverzerrt an. Dieses Klavier sei nicht zum Spielen, dafür sei es ein zu kostbarer Schatz. Die Fee sah davon ab und gab sich mit dem Betrachten des Instruments zufrieden. Die Señora erzählte, das Klavier Chopins habe viel Ärger verursacht. Auf Einladung ihrer Verwandten, Frau Canut, und auf der Suche nach Gesundheit, war er mit seiner Gefährtin, George Sand, und dem Klavier nach Palma gekommen. Anscheinend war der Zoll Palmas damals viel strenger als heutzutage. Das Klavier wurde beschlagnahmt, egal wie wichtig es für Chopin war. Chopin war zuerst verärgert, dann von Sinnen. Das arme Instrument geriet zum stürmischen Mittelpunkt einer Kontroverse und während die Wochen verstrichen, blieb das Klavier weiterhin unter Beschlag im Zollamt unten bei der Kathedrale. Schließlich dauerte die Auseinandersetzung so lange, daß Chopin sein Klavier auf den Grund des Hafenbeckens wünschte. Aber sogar das wurde ihm untersagt! Am Ende konnte er sein Klavier freikaufen: für 400 Peseten, umgerechnet etwa £20.

Die Fee erhielt die Erlaubnis, das Klavier zu fotografieren. Wir unterhielten uns ein bißchen weiter und betrachteten die Schätze des Hauses, dann verabschiedeten wir uns von der zurückhaltenden Frau und ihrem gedrungenen Mann.

Als wir alleine waren, sagte die Fee: "Ich muß Klavier spielen, ich muß. Seit mehr als einer Woche habe ich keine Taste berührt. Diese ganze Musik und der Geist Chopins – ich bin einfach verrückt nach einer Tastatur. Gehen wir zurück zum Hotel, ziehen wir dem Klavier das Nachthemd aus und spielen den ganzen Nachmittag!"

Wir gingen zurück. Das Klavier war verschlossen. Unsere Suche nach dem "schwarzen Kater" blieb ergebnislos. Aber dann trafen wir auf eine melancholische alte Frau, die sich als seine Mutter erwies, und fragten sie nach dem Schlüssel. Sie schüttelte den Kopf.

"Nein, Señora, ein Jahr lang darf keine Musik in diesem Haus gespielt werden," sagte sie.

Wir wollten wissen, warum nicht. Sie zeigte auf das Foto des dicken Mädchens über dem Klavier. "Sie hat auf dem Klavier gespielt." sagte die alte Frau. "Und wie sie spielte; ach, wie sie auf dem Klavier spielte! Bis zwei Tage vor ihrem Tod – dieses Kind, die Tochter meines Sohnes."

Jetzt verstanden wir, was es mit der weißen Decke und dem verschlossenen Instrument auf sich hatte. Das Mädchen war vor einigen Monaten gestorben, und die lokale Gepflogenheit sah vor, daß dieses Klavier stumm bleiben mußte.

Diese Erkenntnis hatte die Lust der Fee aufs Musizieren nicht gemindert, obwohl sie bitter enttäuscht war.

"Macht nichts, wir werden einen Laden suchen, wo du spielen kannst," tröstete ich sie. Zuerst waren wir guter Dinge, aber bald machte uns die brennende Nachmittagssonne zu schaffen. In London, Paris, Berlin oder Madrid hätten wir einen Haufen solcher Etablissements innerhalb einer halben Stunde gefunden, aber hier schien es ein hoffnungsloses Unterfangen. Mit zunehmender Müdigkeit wurde die Fee resoluter; mit zusammengepreßten Lippen und einer fanatischen Entschlossenheit in den Augen war sie fast besessen von einer Art musikalischer Nostalgie.

Endlich hatten wir einen Laden entdeckt, der sich sowohl dem Verkauf von Klavieren und Partituren als auch dem Verkauf von Nähmaschinen widmete. Vier Mädchen saßen dort bei der Arbeit. Wir traten ein und fragten einen dunkelhäutigen, korpulenten jungen Mann, der uns mißmutig ansah, ob er einen Übungsraum hätte. Nein, er schien noch nie von dergleichen gehört zu haben. Wir bohrten nach, ob die Señora nicht kurz eins der Klaviere probieren dürfe.

"Nein", sagte der düstere junge Mann, wohl wissend, daß wir nicht vorhatten, eines zu erstehen, das dürfe sie nicht. Seinem Benehmen nach zu urteilen bin ich mir sicher, daß er ein Katalane aus Barcelona war.

Pause. Da fielen die Augen der Fee auf einen Haufen Partituren, und ihr Blick nahm einen schalkhaften Ausdruck an. "Also gut, vielleicht werden wir einige Partituren kaufen", sagte sie. Der junge Mann wurde auf der Stelle freundlicher und aufmerksamer – mit Sicherheit war er ein Katalane aus Barcelona! Die Fee blätterte einige Stücke durch, fand einen 20-Peseten-Band der Sonaten Beethovens und sagte, dies sehe wie gute Musik aus. Könne er es empfehlen? Oh ja, das könne er, meinte der junge Mann, noch mehr empfehle er aber einen Band mit aufwendigerer Bindung zum Preis von 35 Peseten. Die Fee lächelte ihn mit Engelsblick an und fragte, ob sie ein Stück oder zwei probieren dürfe? Aber sicher dürfe sie das.

Sie setzte sich ans Klavier, die Sonaten vor sich. Ihr Blick darauf gerichtet, mit gerunzelter Stirn, verriet nicht im geringsten, daß sie jedes einzelne dieser Stücke auswendig konnte. Sie legte einen zögerlichen, holprigen Auftakt hin, dann begann sie zu spielen. Und wie sie spielte! Ich konnte hören, wie die ganze Nostalgie aus ihr herausbarst!

Ich weiß nicht mehr genau, wie lange sie spielte, aber es war lange genug, den jungen Mann unruhig werden zu lassen. Nach der dritten Sonate schüttelte sie den Kopf, nein, die Stücke mochte sie nicht. Hätte er nichts Besseres als diese? Er zauberte Chopins *Préludes et Nocturnes* hervor, in sehr aufwendiger Verarbeitung, mit Goldprägung, nur 42 Pesetens. Ja, das sähe gut aus, sagte sie, und dann setzte sie sich hin und gab mir zehn absolut perfekte Minuten Chopin. Der junge Mann wurde mißtrauisch.

Von den vier Mädchen, die sich über ihre Arbeit beugten, kam ein halb unterdrücktes Kichern. Der junge Mann machte ein grimmiges Gesicht und verschwand in seinem Büro, durch dessen Fenster ich sein mißmutiges Gesicht beobachten konnte. Die Fee hatte sich schon längst von den Partituren verabschiedet und spielte alles, was ihr in den Kopf kam. Sie genoß eine Orgie der Gefühlsausbrüche, badete in Musik.

Bald kam der junge Mann wieder, schwarz wie eine Sturmwolke. Die Fee lächelte ihn zuckersüß an. Hätte er etwas, nur ein kleines bißchen besser ... Nein, hätte er nicht, absolut, überhaupt ganz und gar nicht! Na dann, sagte die Fee, als sie ein einzelnes Exemplar eines spanischen Liedes zu zwei Peseten in die Hand nahm, würde sie dieses hier nehmen, zahlte die zwei Peseten und schenkte dem jungen Mann ein Engelslächeln. Er begleitete uns mit grimmigem Blick aus dem Laden. Nie wird er uns verzeihen, auch seinen Kolleginnen nicht, die sich auf unserer Seite gegen ihn vereinten, weder dem Leben, das ihn so geschaffen hatte, noch seinem Schutzheiligen, der ihn diese Schläge hat hinnehmen lassen. Aber ich hoffe, es war ihm eine Lehre, in Zukunft höflicher zu sein.

Vor allen Dingen war der Hunger der Fee nach Musik gestillt, denn auf dem Weg zum Abendessen sprudelte sie wie Selters. Da entdeckte ich in einer Seitenstraße eine Töpferei mit einer Ausstellung besonders schöner Stücke. Schon aus der Distanz von der Tür aus gefielen der Fee einige Artikel sehr: feine Wasserkrüge aus rotem Ton mit griechischer Form und Bauerntellern und -vasen mit groben, einfachen Farben. Aber das allerbeste war ein flacher, runder Topf in Blau und Weiß, nach oben hin verjüngt und mit einer breiten, gekrümmten Öffnung. Seine einfache Grazie fanden wir entzückend; wir kauften ihn.

"Er wird so schön aussehen", sagte die Fee, "mit roten Nelken darin."

Als wir unser Hotelzimmer wieder betraten, machte sich das Zimmermädchen gerade erneut mit ihrer Haarnadel am Waschbecken zu schaffen im Versuch, das Wasser vom Morgen loszuwerden. Sie sah zu, als die Fee ihre Vase auf einen Tisch stellte.

"Muy bella", säuselte die Fee, als sie einen Schritt nach hinten tat, um Ihren Erwerb zu betrachten.

"Si, muy bella", sagte die Frau, *"muy bella escupidera."*

"Muy bella was?" fragte die Fee.

"Sie meint," warf ich ein, "ein sehr schöner Spucknapf."

"Du meine Güte!"

Pause.

"Si, Señora, muy bella escupidera", wiederholte die Frau.

Pause.

"Er ist trotzdem schön." sagte die Fee. "Und wenn er auch ein Spucknapf ist, werde ich nichtsdestotrotz rote Nelken hineinstellen." Das macht sie heute auch noch, und keiner ahnt etwas!

DAS DORF DER LILIEN

Es ist jetzt Zeit für uns, Palma vorübergehend zu verlassen. Wir wollen nach Valldemossa, in das nächstgelegene Dorf in den Bergen, das Dorf Chopins.

Wir gedenken, die ganze gebirgige Nordseite der Insel bis zur Ostküste zu erforschen, und dabei werden wir durch Gegenden kommen, die keine Eisenbahnverbindung besitzen. Der Reisende muß sich eine eigene Transportmethode einfallen lassen: mit dem Maultier, mit einer Limousine (aber nicht in den Bergen), mit dem holprigen, klapprigen Omnibus oder zu Fuß.

Da wir uns nicht mit viel Gepäck belasten wollten, hatten wir ganz Palma nach einem Rucksack abgeklappert, aber vergeblich: Die Stadt hatte reichlich Flechtkörbe zu bieten, die auf dem Kopf getragen werden sollten. Der Gedanke, Zahnbürste und Rasierklingen in einem Korb auf dem Kopf herumzutragen, kam uns jedoch lächerlich vor. Das Problem war in dem Moment gelöst, als uns in einer Ecke des Zimmers der Regenschirm der Fee mitsamt Hülle auffiel.

Genau das richtige, dachten wir, packten die notwendigen Kleinigkeiten in die Hülle wie in einen Nikolausstrumpf und warfen sie mir über den Rücken wie ein Gewehr. Den Regenschirm ließen wir im Hotel zurück. Einige Versuche überzeugten uns: Der Einfall war genial. Ich sah zwar recht kriegerisch aus, aber bei den Übungen, als ich dem Befehl der Fee "Gewehr über" gehorchte, spuckte die Waffe nur eine Zahnbürste und ein Schlafanzughemd aus.

Wir fanden heraus, daß die erste Etappe der Reise bis Valldemossa mit dem Bus absolviert werden konnte. Diese Fahrzeuge sind das Verkehrsmittel der Armen schlechthin, und damit kann man unzählige Kilometer für eine *Peseta* fahren: Unsere Fahrkarten nach Valldemossa kosteten uns um die sieben Pence für rund zwanzig Kilometer. Als wir den Abfahrtsplatz des täglichen Omnibusses erreichten, erfuhren wir aber, er sei schon losgefahren, eine halbe Stunde vor der angekündigten Zeit.

Der Busbetreiber, der auch ein Café am Platz führte, erklärte alles mit einem einzigen Wort: *Fiesta.* Die häufigen *Fiestas* bringen das Leben auf Mallorca völlig durcheinander. Scharen von Bauern kommen in die Hauptstadt, Busse mißachten Abfahrtszeiten, und lange vor Feierabend geht in allen Restaurants und Cafés das Essen aus.

Aber, meinte der Busbesitzer, keine Sorge, wir kämen noch nach Valldemossa. Sein Bus sei nur abgefahren, weil er voll gewesen wäre, er werde schon einen anderen finden. Außer uns wollten schließlich noch ein Dutzend Leute dorthin.

Obwohl er keinen weiteren Bus besorgen konnte, irgendwie und irgendwo trieb er einen Tourenwagen auf. "Das wird teuer", sagten wir uns. Als wir aber die Fahrkarten kauften, betrug der Preis nach wie vor nur eine *Peseta.*

Das durchschnittlich große Auto hatte – einschließlich Fahrer – kaum für mehr als sieben oder acht Personen Platz; dieses Fahrzeug aber beherbergte nun insgesamt vierzehn Menschen. Wo wir alle unterkamen, kann ich nicht sagen. Irgendwo in dem zurückgefalteten Dach nistete ein Mann, das weiß ich, weil sein Fuß in ständigem Kontakt mit meinem Ohr blieb. Ein Bauernmädchen mit einem Schal saß auf meinem rechten Knie und lehnte sich gegen meine Schulter zurück, und das weiß ich, weil ihr Atem nach Knoblauch roch. Auf den beiden Trittbrettern fuhren zwei lebhafte junge Bauern mit, das weiß ich, weil Wolken erstickenden Zigarrenrauchs uns von allen Seiten ins Gesicht wehten. Und ich weiß auch, daß ich – nachdem unsere Arme und Beine in dieses menschliche Puzzle gesteckt worden waren und all die Köpfe wie Schwimmer an der Oberfläche auftauchten, um Luft zu holen – von irgendwoher eine klagende, erstickte Stimme sagen hörte, "Ist es nicht schön, wie die Eingeborenen zu reisen!"

Die Straße nach Valldemossa beginnt als ein gerader, staubiger, ziemlich langweiliger Weg, der William Cobbett*) erfreut hätte, da er durch die Gärten der Nützlichkeit führt. Durch Getreidefelder und ins trübe Grün der Olivenhaine, deren Bäume entstellt sind durch ihr hohes Alter. Jeder Zentimeter Erde außerhalb der Stadt wird landwirtschaftlich genutzt. Schlanke, gebräunte Bauern beugen ihre Rücken über dem fetten, roten Boden oder machen *Siesta* unter den Olivenbäumen. Mit Ausnahme der einen oder anderen Esels- oder Pferdekutsche ist die Straße leer.

Nach wenigen Kilometern haben wir das Vorgebirge erreicht und beginnen, durch heruntergestürzte graue Felsbrocken, durch Schluchten aufzusteigen. Ziegen und Schafe weiden zwischen den Felsen, laufen auseinander, während wir vorbeifahren, nur schwach hören wir die Musik ihrer Glocken. Die Straße wirkt wie in den Hang gemeißelt. Mit vierzig Meilen pro Stunde geht es oberhalb eines wilden Flusses um eine haarsträubende Kurve an einer Klippe entlang. Würde das Lenkrad nur einmal zucken, wir brächen durch die Steinbrüstung und prellten zum Fluß hinunter.

Auch an der nächsten Kurve stockt uns der Atem. Wie er fährt, dieser Junge aus den Bergen! Aber er scheint sehr selbstsicher. Auf der letzten Etappe erklimmen wir ein furchterregendes Straßenstück wie eine riesige Wendeltreppe. Von einer Kurve gleiten wir über schnelle, elegante Halbkreise in die nächste.

Die vier Trittbrettfahrer sind auffällig schweigsam geworden. Sie haben Ihre Zigarren weggeworfen und klammern sich um ihr Leben fest. Der für mich unsichtbare, aber deutlich spürbar Anwesende im Faltdach wird bei jeder Unebenheit der Straße hin- und hergeworfen, und jeder

---

*) Britischer Publizist (1763-1835), der sich leidenschaftlich auf der Basis des Nützlichkeitsprinzips (Utilitarismus) für die Rechte der unteren Volksschichten einsetzte. In seinem einflußreichen Buch "Ländliche Streifzüge" (1830) idealisierte er das Leben auf dem Lande.

Wurf schmerzt meinem geschundenen Ohr. Das Bauern-mädchen auf meinem Knie hatte wohl bisher nur den langsamen und sichereren Bus gekannt, sie ist blaß, preßt die Lippen zusammen, und ich spüre ihre schnellen Atem-züge auf der Seite des unversehrten Ohrs. Plötzlich endet die Wendeltreppe und wir werden nach Valldemossa hin-eingeschleudert. Die Straßen voller kleiner, grauer Häuser aus Felsgestein laufen steil hoch zum Kloster und zur Kirche, die den Ort beherrschen.

Die tägliche Ankunft des Omnibusses ist schon ein Ereig-nis, mehr noch unser unerwartetes Erscheinen. Vollbusige, neugierige Frauen tauchten unter den breiten Türbogen auf, um unsere Vorbeifahrt zu verfolgen. Das Dorf ist wie das Königreich im Himalaja, in dem Namgay Doola*) für so viel Aufregung sorgte: Fast alles steht Kopf. Mit quiet-schenden Bremsen stoppt das Auto vor der *Fonda* und wir sortieren Arme, Beine und Reiseproviant. Wir steigen aus und werden von einer strahlenden, bärtigen, dicken Frau begrüßt. Ihr Bart geniert sich kein bißchen, sondern ist echt und schwarz, und verdeckt ihr Kinn. Ihre Augen sind typisch mallorquinisch: groß, leuchtend und glühend vor Freundlichkeit: *"Buenas, Señor, buenas, Señora!"*

Wir fühlen uns sofort wie zu Hause, fast bemuttert. Die Bärtige umarmt uns und führt uns durch die Kaffeebar des Gasthofes, wo die Männer des Dorfes vor ihren Getränken sitzen und den Raum mit dem Redeschwall füllen, der im-mer aufkommt, wenn sich zwei oder mehr Mallorquiner treffen. Wir werden mit Kopfnicken und Lächeln begrüßt, und mit dem gemurmelten *Buenas*, dem abgekürzten Gruß, den wir immer hören. Niemals *buenas tardes*, son-dern einfach nur *buenas* wie "guten"; vielleicht der beste Ausdruck ihrer Lebenseinstellung, da sie einem nichts als das Beste wünschen.

---

*) Exzentrischer Held der gleichnamigen Kurzgeschichte aus der Samm-lung *Life's Handicap* (1881) von Rudyard Kipling.

Unser sauberes, weißgeputztes Zimmer mit rotgefliestem Boden im ersten Stock ist ausgestattet mit zwei kleinen Betten, einem Waschtisch aus Blech, Holzstiften als Garderobe hinter der Tür, aber nicht mit Schränken; die findet man nur selten in mallorquinischen Schlafzimmern. Dieser Umstand zeigt, wie einfach das Leben der Insulaner ist: wenn man nichts anzuziehen hat, warum sollte man einen Schrank besitzen? Einen zweiten Rock vielleicht und ein besonderes weißes Tuch für Festtage – sonst braucht eine mallorquinische Frau nichts an Garderobe. Was Schuhe angeht, reicht ein zweites Paar *Spadanias**) – mit Sohlen aus geflochtenen Fasern, ohne Absätze und aus braunem oder beigem Segeltuch – für jede Hausfrau wie Dienerin.

Die fehlende Konkurrenz in Sachen Mode ist eines der kleinen Geheimnisse für das Glück dieser Frauen, meint die Fee. Die Teresa wird nicht neidisch, weil etwa Juliana, ihre Nachbarin, sie mit ihrer Kleidung aussticht, da Teresa und Juliana die gleiche Garderobe haben. Juliana steht nicht in ihrer Tür, um ihrem Mann mißgünstige Bemerkungen über den schlechten Geschmack oder die Maßlosigkeit von Teresas neuer Anschaffung zu machen. Alle tragen dieselbe Tracht und interessieren sich daher nicht für die Bekleidung der anderen.

Die Bärtige kam mit einer Ladung schneeweißer Bettwäsche herein, jedes Stück versehen mit ihrem gestickten Monogramm in der Ecke. Sie war mit Bettenmachen beschäftigt, als wir hinausgingen, die steile Hauptstraße hinab. Wir fanden sofort einen eigenen Namen für Valldemossa: Das "Dorf der Lilien". In fast jeder der breiten Türen befindet sich ein Topf mit einer graziösen, weißen Lilie. Auf beiden Seiten der engen Straßen sieht man die penibel gepflegten Blumen. Wir schlossen aus ihrer Verbreitung, daß sie eine

---

*) Korrekt *Espardenias*, traditionelle mallorquinische Schuhe, die auch heute noch, z.B. in Campanet, handwerklich hergestellt werden.

besondere Bedeutung für Valldemossa hätten, aber auf unsere Fragen erhielten wir die Antwort, es sei einfach *una habitud*, eine Gewohnheit. Die Lilie ist die Hauspflanze Valldemossas schlechthin. Ihre Knospen werden täglich gezählt und gehätschelt, genau wie die Knospen der Zimmerpflanzen in England gezählt und gehätschelt werden.

Nur wenige Häuser in Valldemossa haben Fenster im Erdgeschoß, stattdessen besitzen sie einen Torbogen, der breit genug für ein Auto wäre. Die schwere Tür aus Eiche steht immer sperrangelweit offen, so daß wir im Vorbeigehen hineinschauen können. Die Böden sind aus Stein, die Wände das reinste schmucklose Weiß; jeder Eingang ähnelt der Eingangshalle einer Burg in Kleinformat. Auf beiden Seiten dieser weißen Hallen stehen ungefähr sechs kleine, niedrige Eichenstühle, deren strapazierfähige, bequeme Sitzflächen in einem Überkreuzmuster Schicht auf Schicht aus den Bastfäden gewebt sind, wie sie unsere "menschliche Spinne" und seine Kollegen herstellen.

Diese Stühle sind unverzichtbares Mobiliar jeder mallorquinischen Hausfrau; ohne mindestens je vier davon auf beiden Seiten des Eingangs ist kein Haushalt komplett. Darüberhinaus aber sind die Stühle mehr als nur standesgemäße Möblierung; sie sind auch Symbol für die mallorquinische Gastfreundschaft, Einladung und Versprechen zugleich, wie wir bald herausfanden.

Als wir vor einem dieser Bauernschlösser Halt machten, wurde der Bastvorhang zur Seite gezogen, und eine Frau sah zu uns heraus, lächelte und bat uns einzutreten. Wir folgten ihrer Einladung, sie zeigte auf die Stühle und forderte uns auf, Platz zu nehmen. Dann ging sie zum Türbogen am anderen Ende des Eingangs und rief etwas in ihrem Dialekt. Vier Mädchen kamen hereingelaufen. Drei davon waren braunhäutige, robuste junge Frauen mit glänzenden, lachenden Augen, die vierte hatte einen Buckel,

aber ihr weißes Gesicht besaß eine sanfte Ausstrahlung. Sie grüßten uns und setzen sich mit ihrer Mutter auf die Stuhlreihe uns gegenüber, die Unterhaltung fand von beiden Seiten der Eingangshalle statt.

Sie sprachen nicht nur Dialekt, sondern auch Spanisch, und fragten uns über London aus. Ob London eine große Stadt sei, größer als Palma? Ja, fünfzig- oder hundertmal größer als Palma. Das konnten sie kaum glauben. Stimme es, daß es dort immer regne und die Sonne nie scheine? Und die englische Sprache, ob die schwierig sei? Könnten wir ihnen nicht ein paar Wörter Englisch beibringen?

Mitten in unseren Bemühungen, ihnen die Aussprache von *Good morning* zu erklären, erschien der Herr des Hauses, ein zurückhaltender, freundlicher Mann aus den Bergen, sonnengebräunt, blauäugig und hager wie alle Mallorquiner. Er grüßte uns, ging in die Küche, die von der Diele durch eine Steinwand getrennt war, blickte in eine Pfanne, die am Kohlenfeuer stand, brachte sie zu uns herüber und zeigte uns den Inhalt. Damit verband er die Einladung, das

Essen mit ihnen zu teilen. Wir dankten und lehnten ab – in Erinnerung an die Tragödie mit dem Honigbrot. Eine Ablehnung beleidigt nicht, da sie erwartet wird; die Einladung zum Essen ist lediglich ein Ausdruck von Freundlichkeit.

Als wir aufbrachen, versammelte sich die Familie im steinernen Türbogen, um uns zu verabschieden. Sobald der Bastvorhang gefallen war, ergoß sich eine Flut aufgeregter Stimmen in die Straße hinein. Unser Besuch hatte ihnen für mindestens eine ganze Woche Gesprächsstoff geliefert.

Am Abend aßen wir im schönsten Speisesaal, den ein Landgasthof bieten kann, fast unvorstellbar perfekt: Der weiße Raum, noch klein genug, um intim zu sein, mit kahlen Wänden und völlig staubfrei, der rotgeflieste Boden, drei Fenster mit grünen Läden, vier weiße Tische, jeder mit einem unglasierten Wasserkrug im griechischen Stil, gefüllt mit großen, tiefroten Rosen. Ein molliges, dunkelhäutiges, lächelndes Mädchen lief in *Spadanias* herum und zauberte Rotweinflaschen unter einem Tuch hervor. Als Krönung dann – vorausgesetzt, man hatte Hunger – brachte sie dampfend heiße Gemüsesuppe, einen Teller voller Lammkoteletts, frisches grünes Gemüse, Artischocken, Bohnen und geschmorten Kohl, danach einen Berg Apfelsinen, rötliche Feigen, rote Kirschen und gelbe Nespolis. Kaum hatten wir eine Flasche ausgetrunken, erschien eine neue, hervorgezaubert unter dem magischen Tuch, danach ein Siphon Mineralwasser, um den Wein zu verdünnen. Die Inselgastwirte bedienen uns in Hülle und Fülle, kassieren aber dafür nur sieben Peseten, umgerechnet vier Schillinge und sechs Pennies am Tag; bei einem längeren Aufenthalt kürzen sie den Tagespreis auf sechs oder gar fünf Peseten. Das ist der Einheitspreis fast überall auf der Insel.

Nur noch drei weitere Leute waren in unserem Gasthof untergebracht: Ein Deutscher, seine Frau und ein großer junger Österreicher. Sie erzählten uns, sie seien Chopin-Verehrer auf Pilgerfahrt zum Kloster. Ob wir auch dorthin wollten? Ja, morgen. Verbunden durch dieses gemeinsame Interesse sprachen wir eine Stunde weiter über Musik und Mallorca und das Leben und wie gütig doch unsere bärtige Wirtin sei.

In unserem kühlen, weißen Zimmer hörten wir durchs offene Fenster die Nachtstimmen Valldemossas: sanfte Klänge, genauso musikalisch wie der Name des Dorfes. Das Läuten der Klosterglocken, aus weiter Ferne das Bimmeln von Schafsglöckchen und mehr als alles andere die weiche, fast menschliche Stimme des Windes, mal laut, mal leise, mal als Flüstern, mal als Schmerzensschrei, mal als manisches Lachen.

Die ganze Nacht durch schafft der Wind eine unheimliche, endlose Harmonie, die wie die Stimme der Natur klingt, während sie eines ihrer schönsten Juwelen betrachtet. Weit entfernt im Tal singt erst eine Nachtigall, dann zwei, dann drei. Irgendwo, durch Wände gedämpft, erklingt eine

Gitarre. Da kann es keinen Zweifel geben, daß Chopin sich hier hat inspirieren lassen. Er kam hierher auf der Suche nach Frieden und der Wärme der Wintersonne. Als er im Winter 1838 eintraf, war er 28 Jahre alt, seine Begleiterin, George Sand, 34. Der Musiker war an Tuberkulose erkrankt und Maurice, der Sohn George Sands, war so gut wie bettlägerig. Die Gruppe erreichte Mallorca nach einer furchtbaren Reise von Barcelona mit einem Schweinefrachter, da es damals noch keine Passagierschiffsverbindung zwischen Insel und Festland gab.

Sie kamen nicht sofort nach Valldemossa, sondern hatten zuerst ein kleines Haus in der Nähe von Freunden in Palma gemietet, aber bald wurde ihnen vom Hausbesitzer gekündigt, der nichts für Schwindsüchtige übrig hatte.

Als George Sand dann hörte, man könne eine Zelle im Kloster für 35 Peseten pro Jahr mieten, schien das eine einmalige Gelegenheit zu sein. Nach einer Reise in die Berge, während der, laut George Sand, der Wagen immer mit einem Rad in der Schlucht hing, ließen sie sich im (Kartäuser-) Kloster in Valldemossa nieder.

Die Kartause ist hochgelegen, am Ende eines tiefen Tals, das sich durch die Hügel, die grauen Felsen und die nebligen Olivenhaine windet, bis es das Meer und Palma erreicht. Ehe das Kloster ein Heim für Kartäusermönche wurde, war es ein Königspalast. Der Maure *Musa* hatte es einst zu seinem Lustgarten gemacht, bevor *Rey Jaime Conquistador* die östliche Macht unterwarf und der Insel die Freiheit schenkte. Danach errichtet 1321 Sancho, der Asthmatiker, sein Schloß dort, aber in seiner Angst vor dem Tod hatte er so hastig gebaut, daß von seinem Werk nichts blieb. Nach ihm kamen mehrere Könige, bis Martin, der Fromme, seinem Beinamen getreu, 1399 den Ort an die Kartäusermönche abgab, welche die Zellen und Kreuzgänge für ihre Meditation in Abgeschiedenheit errichteten. "Ein kleines Haus mit vier Zimmern und Garten, und von jeder

Zelle öffnet sich die Tür in einen Korridor" – so lauteten die Regeln des Ordens; und eines dieser "kleinen Häuser" hatte der kranke Chopin mit George Sand und ihren zwei Kindern bewohnt, drei Jahre nachdem die Mönche durch die spanische Regierung vertrieben und ihre Zellen in Wohnungen umgewandelt worden waren.

Wir gingen am Morgen die Anhöhe zum Kloster hinauf, fanden aber zunächst keinen Eingang, da alle Türen verschlossen waren. Bald aber erschien ein dunkler, ernster Mann in der Tür eines Hauses. Er fragte uns, ob wir eintreten wollten, und rief dann einen kleinen Jungen, der den Küster holen sollte.

Zehn Minuten später machte sich ein ungewöhnliches und furchterregendes Wesen, kaum als Mensch zu erkennen, auf den Weg bergauf zu uns. Seine Beine waren nach innen gekrümmt wie Doppelbögen, sein Körper halb gebeugt, so daß er wie in der Hocke ging. Seine Arme und seine langen, knochigen Finger zuckten fürchterlich spastisch. Er sabberte aus dem Mund, und ein leises, heulendes Stöhnen begleitete ihn beim Gehen. Ein Schlüsselbund hing von einer Hand, und er sprach uns im Dialekt mit einer schwerfälligen, weinerlichen Stimme an. Seine Mißbildungen bereiteten uns Schmerzen, sein Anblick war so grausam, daß die Fee ihr Gesicht abwenden mußte.

Er stolperte und zuckte an uns vorbei; mit zitternder Hand schloß er die Tür der Kirche auf und führte uns hinein. Die Kirche interessierte uns aber nicht, und letztendlich gelang es uns, ihm zu erklären, was wir sehen wollten. Mit schleppenden, schmerzvollen Schritten, die in ihm das heulende Stöhnen verursachten, brachte er uns durch eine Hintertür der Kirche zu einem langen, weißen Korridor.

Dieser Korridor ist über vier Meter breit und einhundertachtzig Meter lang, der längste und weißeste Korridor, den ich je gesehen habe. Auf der einen Seite blicken die Fenster auf den geschützten Garten hinaus, auf der anderen unterbrechen kleine, grüne Türen ab und zu das Weiß. Dort befinden sich die Klosterwohnungen, heutzutage mit mallorquinischen Familien belegt.

Der mißgebildete Küster riß sich nach vorn und klopfte mit seinen Schlüsseln gegen die zweite Tür. Nach einer kurzen Pause öffnete ein kleiner Mann mit einem sanften Blick. Ob dieses die Wohnung Chopins sei, fragten wir.

Ja, das sei sie. Ob wir sie besichtigen wollten? Wir betraten ein niedriges, weißes Zimmer mit Balken in der Decke und Doppeltüren am anderen Ende. Unser Blick fiel auf zwei kleine Landschaftsgemälde an der Wand, die sich bei näherer Betrachtung als Werke Sargents*) erwiesen. Es überraschte uns sehr, derartige Bilder hier in einem Inselkloster

---

*) *John Singer Sargent*, bekannter amerikanischer Maler (1856-1925), entwickelte einen eigenen elegant-effektvollen Stil vor allem als Portrait-, aber auch als Landschaftsmaler.

zu sehen, und wir fragten den kleinen Mann, wo er sie gefunden habe. Er sagte, er hätte sie in Madrid gekauft, und er selbst sei ein mallorquinischer Künstler. Das schien als Erklärung zu reichen. Dann zeigte er uns die Wohnung, seine Schätze, seine Gobelins und sein heimisches Linnen:

Im Eßzimmer hatte er einen feingeschnitzten, spanischen Tisch mit einer blauweißen *Tela de Lengua* gedeckt, der althergebrachten gewebten, pflanzlich gefärbten Leinendecke. Im Zimmer verteilt standen die unvermeidlichen "Stühle der Gastfreundschaft", malerisch, mit geraden Lehnen. Hier gab es keine Bilder, nur Teller in Blau, Weiß und leuchtendem Gelb. Auf dem Boden lagen Fasermatten.

Nach einer Weile führte er uns in den Garten, der klein und quadratisch war, nicht mehr als zehn Meter im Durchmesser, eingegrenzt an einer Seite vom Haus, an zwei Seiten von hohen Mauern und an seinem Ende durch eine niedrige Brüstung am Rande einer Klippe, die so steil ist,

daß sie fast einen Abgrund bildet. Unten, weit, weit weg im Flimmern der Hitze, mäandert das Tal mit seinen hingestreuten grauen Felsen und Olivenhainen. Die Sonne ist heiß an diesem geschützten oberen Ende des Tals, aber eine Brise kommt vom fernen Meer, verstreut die Rosenblüten und schüttelt im Garten die Apfelsinen- und Zitronenbäume, wodurch die goldenen Früchte auf- und niedergehen und schaukeln in einem endlosen Tanz.

Sie hätten hier glücklich sein können, die Liebenden, der Musiker und die Schriftstellerin, aber sie waren es nicht. Zum Teil lag es an George Sand. Sie war eine emanzipierte Frau und unternahm keinerlei Anstrengung, dies vor den einfachen Dorfbewohnern zu verbergen. Vielmehr schockierte sie sie, indem sie Hosen trug und in der Öffentlichkeit rauchte. Damit hatte sie die Leute, für die Emanzipation und Feminismus Rätsel waren und immer noch sind und ihre Religion ein merkwürdiges Heidentum, derart vor den Kopf gestoßen, daß sie vollends abgelehnt wurde.

Hätte sie sich bemüht, aus den Einwohnern Freunde statt Feinde zu machen, wären ihr und Chopin viele der Unannehmlichkeiten, die sie plagten, wohl erspart geblieben. Aber George Sand mokierte sich über die Engstirnigkeit Valldemossas, übte heftige Kritik an seiner Bevölkerung, weil diese sie nicht verstand, und aus diesem Mißverständnis wurde Antipathie. Die Menschen dort seien "herzlos, egoistisch und frech", war noch das Geringste, was sie ihnen vorwarf. So verweigerten die Bewohner Valldemossas die Hilfe, die man ihnen sonst wohl angeboten hätte. Die Fremden blieben auf sich allein gestellt.

Der Winter war hart. Sie hatten keine Feuerstelle, auch wenn in der Wohnung mittlerweile ein breiter, offener Kamin existiert. Es gab nur ein Kohlebecken, neben dem der kranke Chopin sitzen konnte, unglücklich und oft nörglerisch, von Kopf bis Fuß in Mäntel und Teppiche gehüllt.

Die Komposition der *Prélude* markiert den Wendepunkt von Chopins Elend in Valldemossa. Kurz darauf verließen der Musiker und seine Geliebte Mallorca für immer und hinterließen nur jenes klägliche kleine Klavier, auf dem die *Prélude* entstand.

Unser kleiner mallorquinischer Künstler ist sehr stolz auf seine Wohnung. Da wohnt er allein mit seiner Haushälterin, mit seinen Paletten, Pinseln, Ölfarben und einem Klavier. Wenn er nicht gerade malt, sitzt er im Garten und träumt, und wenn er nicht träumt, sitzt er am Klavier, und die Werke Chopins ertönen im selben Zimmer, wo sie das Licht der Welt vor fast hundert Jahren erblickten.

Wir nahmen Abschied, und nach einem Mittagessen in der *Fonda*, das für sechs hungrige Leute gereicht hätte, gingen wir ins Dorf, um einige notwendige Utensilien für unsere Bergwanderung zu kaufen.

Vor allem brauchten wir weiche Schuhe, weil wir dank früherer Erfahrungen wußten, wie ungeeignet Lederschuhwerk für die Bewältigung von Schluchten und steinigen Pfaden ist. Die heißen Steine lassen die Füße anschwellen, das Leder drückt die Haut, aus der Wanderung wird eine mittelalterliche Folter. Wir hatten uns daher für *Spadanias* entschieden, da sie weich und bequem sind.

Die größte Schwierigkeit für einen Fremden beim Einkaufsbummel in einem mallorquinischen Dorf ist die Abwesenheit von Ladenschildern und Schaufenstern. Die Geschäfte unterscheiden sich nicht im geringsten von Wohnhäusern. Der Geschäftsmann hängt keinen Hinweis über seine Tür und läßt auch sein altes Steinhaus nicht entstellen mit einer eingemeißelten Inschrift wie *"Pedro Estaras*, Schuster, Ihre Aufträge werden mit äußerster Pünktlichkeit ausgeführt"*. Alle Welt weiß, wo er wohnt, also wozu es verkünden? Und wenn er auf die Idee käme, sich wegen seine Pünktlichkeit zu brüsten, würde er auf der Stelle geächtet und verdächtig werden, da niemand in einem mallorquinischen Dorf pünktlich ist. Und für einen Mann, einen Künstler noch dazu, wäre Geschwindigkeit kein Zeichen für Qualität.

Den Laden *Pedro Estaras* mußten wir also in den engen Gassen suchen, dabei Blicke ins Privatleben Valldemossas werfen und schnüffeln, bis wir nach einer halben Stunde unseren kleinen Schuster – inmitten seiner Schuhe – bei der Arbeit fanden. Es gab auch andere Ware: Seile, Oliven, Wein in Riesenfässern und Flaschen, getrockneten Fisch, Strohhüte und Körbe. Wir nahmen auf einem Weinfaß Platz, und seine Tochter brachte uns Schuhe und half uns beim Anprobieren. Als wir unsere Wahl getroffen hatten, servierte uns der höfliche *Don Pedro* noch drei Glas Wein. Die Schuhe kosteten sechs Peseten – vier Peseten für meine und zwei für die der Fee. Zwei Paar handgefertigter Schuhe mit fasergewebten Sohlen für drei Schillinge und sechs Pence. Bei solchen Preisen kann man sich auf Mallorca lange Wanderungen leisten!

Am nächsten Tag brachen wir in Richtung der Finca Miramar mit dem Ziel Sóller auf. Wir hatten vor, dort Maultiere für die Strecke über die Berge nach Pollensa zu mieten. Die bärtige alte Frau, die unsere Gastgeberin gewesen war, stand an der Türschwelle ihrer *Fonda* und mit ihr die Dienerin und ihr Sohn und der an der Wand festgebundene Esel; sie winkte uns zu. Als wir um die Ecke bogen, war ihr lächelndes Gesicht und nickender Kopf das letzte, was wir von Valldemossa sahen.

Zunächst trafen wir überrascht Gruppen von Frauen, die Hocker unter dem Arm trugen. Sie gingen zur Kirche, da es Sonntagmorgen war. In den Dörfern Mallorcas bringen alle Frauen ihre Hocker mit. Man sieht sie durch die Straßen strömen, jede – anstelle eines Gebetbuches – mit einem Basthocker. Wenn sich Freundinnen treffen, kommt es zu einem allgemeinen Abstellen der Hocker, während man zum Tratschen stehenbleibt. Niemals aber setzen sie sich auf der Straße auf die Hocker, weil das wohl einem Affront gegen die Kirche gleichkäme.

Der Weg führte uns an einer Schlucht vorbei, die an einen heldenhaften Kampf in den stürmischen Tagen der Vergangenheit erinnert. Es ging um die Frauen Valldemossas. Eines Nachts, vor fast vierhundert Jahren, landeten fünfhundert räuberische Piraten heimlich an der Küste und schlichen sich durch die Berge ins Dorf. Friedliche Höfe wurden ausgeraubt, in den Straßen Valldemossas floß viel Blut, und die Piraten verschleppten verzweifelte Frauen und Mädchen.

Aber die Überlebenden rafften sich noch einmal auf. Kaum fünfzig Männer verfolgten die Piraten, stellten sie in der Schlucht und griffen von zwei Seiten an. Entschlossen kämpften sie die Piraten nieder und brachten die Frauen und Töchter unversehrt zurück nach Valldemossa.

Dies ist nur eines der Epen Valldemossas, wiewohl das edelste. Seinen Frieden und auch seine Nachtigallen hat sich das Dorf mehr als verdient.

SCHWEINE IM SCHLARAFFENLAND

Die Straße nach Miramar windet sich an den Hängen der Küstenberge durch Kiefern- und Olivenhaine, bis sie das sanfte, blaue Meer erreicht. Vorher durchquert sie einen steinigen Hang mit einem Urwald spanischer Steineichen zwischen grauen Felsen.

Als wir durch das stille, grüne Zwielicht wanderten, hörten wir ein Rascheln im Gebüsch. Es kam aus allen Richtungen gleichzeitig und schien sich uns zu nähern. Nach einigen Minuten schob sich ein Dutzend schwarzer Schnauzen aus den Büschen, deren Besitzer – kaum daß wir sie passiert hatten – sich daran machten, uns zu folgen.

Es ist etwas beunruhigend, in einem Wald von einer Armee schlanker, schwarzer Schweine verfolgt zu werden. Die normalen, fetten Schweine, wie man sie von Bauernhöfen kennt, sind harmlos, aber schlanke Schweine, die im Wald so schnell wie Hunde laufen und nur kurzen Abstand halten, wirken ziemlich bedrohlich. Sie schienen zumindest keine Hauer zu haben.*)

Wir versuchten, sie zu verscheuchen; sie hielten inne und blickten uns unter ihren langen Schlappohren hervor lautlos an. Im Gegensatz zu normalen Schweinen grunzte kein einziges von ihnen. Wir gingen weiter, und sie folgten uns mit Getrappel; wenn wir anhielten, verharrten sie auch und taten so, als ob sie nach Freßbarem suchten. Allerdings nur dem Anschein nach, denn wenn wir unseren Weg fortsetzten, brachen sie augenblicklich ihre Suche ab und begannen wieder ihr unermüdliches Getrappel. Bald sahen wir weitere schlanke, schwarze Schweine, die uns entgegengerannt kamen.

---

*) Das Mallorquinische Fettschwein, eine eigene Inselrasse, ist großwüchsig, meistens schwarz oder gescheckt und hat einen sehr gedrungenen Körperbau. Auch heute trifft man die harmlosen Tiere noch gelegentlich in Steineichenwäldern, wo sie sich von Eicheln ernähren.

"Das gefällt mir nicht", meinte die Fee, durch die unnachgiebige, stille Verfolgung langsam entnervt. "Die wollen uns müde machen. Eines Tages wird man unsere ausgebleichten Knochen unter einem Baum finden. Ich will nicht von wilden Schweinen gefressen werden. Irgend etwas müssen wir dagegen tun."

Ich warf einen Stein: Die Schweine liefen auseinander, aber rotteten sich sofort wieder zusammen. Andere hatten uns auf mysteriöse Weise durch die Bäume aufgespürt und schlossen sich der Gruppe an, bis wir ungefähr vierzig dieser Biester zählen konnten.

Aus allen Himmelsrichtungen umzingelten sie uns nun, wie eine furchtbare, schwarze Armee, die sich zum Angriff sammelte. Wir versuchten, durch schnelles Laufen zu entkommen, aber sie liefen mit, und sie waren – im Gegensatz zu uns – gewohnt, über steiniges Gelände zu laufen.

Unter keinen Umständen darf man sich in Situationen begeben, die eine Verfolgung durch eine Armee schlanker, schwarzer, lautloser Schweine zulassen. So wird man in den sicheren Wahnsinn getrieben. Wehrlos und allein im stillen Wald wird jede Bewegung von vierzig Paaren funkelnder Augen beobachtet, bis einem die Nervenstränge reißen.

Plötzlich gab die Fee einen Ruf der Erleichterung von sich und stob an mir vorbei, als wir in die Nähe einer vier Fuß hohen Steinmauer gelangten. Dahinter flimmerte die Straße weiß unter der brennenden Sonne. Wir erreichten und erklommen die Mauer und blickten zurück, um unseren Sieg über die Schweine zu genießen.

Einen Moment lang standen sie still und glotzten uns an. Wie auf Kommando drehten sie sich dann nach rechts, liefen die Mauer entlang und verschwanden. Dieses außergewöhnliche Benehmen irritierte uns. Dann bemerkten wir, wie das erste Schwein dank eines weiter entfernten

Durchbruchs auf der anderen Seite der Mauer wieder auf-
tauchte. Es folgte ihm eins nach dem anderen. "Mein
Gott!" schrie die Fee und rannte los.

Angeblich versuchen Leute, die nicht einschlafen können,
den Schlaf herbeizuführen, indem sie Schafe zählen, die
über eine Hecke springen. Vielleicht hilft es; ich weiß es
nicht. Was ich aber genau weiß, ist, daß der Anblick von
vierzig schwarzen Schweinen, die durch ein Loch in einer
Mauer zum Vorschein kommen, gerade nachdem sie einen
kilometerweit lautlos durch einen Bergwald gejagt haben,
Stoff für einen Alptraum ist.

Als die Verfolgung geradezu unerträglich wurde, ertönte
plötzlich ein schriller, hoher Schrei aus der Richtung des
steinigen Geländes, das zum Meer hinunterführte:

"Arrr-r-rii-i-i!"

Der Ansturm der Herde wurde abrupt gebremst. Schwarze Schnauzen glänzten feucht im Sonnenschein und zuckten. Als dann die ganze Herde kehrt machte und floh, nicht den Berg hinunter ins Meer, wie einige ihrer Vorfahren, die von bösen Geistern besessen waren, sondern wieder die Straße zurück und durch die Mauer, erschien uns das wie ein Wunder. Eins nach dem anderen verschwanden sie, wedelten mit ihren absurden Kringelschwänzchen und grunzten und quiekten vor Angst.

Ein Mallorquiner, schlank wie seine Schweine, stand im Olivenhain, wo er gearbeitet hatte, und lachte. "Das ist gut", sagte ich, "seit vielen Kilometern verfolgen sie uns. Das sind fürchterliche Biester."

"Ach was", sagte er, der *Señor* hätte nur einige Eicheln für sie von den *Alcenas* pflücken sollen. Mehr hätten sie gar nicht gewollt, die "Biester".

Er erzählte uns, die Schweine liefen in den Bergen frei herum und fräßen sich von den heruntergefallenen Eicheln in aller Unschuld ihr Fett an, bis die Zeit käme, sie ans Schlachtermesser zu liefern. Uns wurde klar, daß wir den Schweinen böse Absichten unterstellt hatten, während sie eigentlich nur um Eicheln bettelten. Trotz allem ist selbst die Aussicht auf eine Portion Eicheln keine Entschuldigung für ein derart bösartiges Benehmen.

Aber nun konnten wir endlich unsere Aufmerksamkeit der Landschaft zuwenden. Und was für eine Landschaft dreihundert Meter über dem Mittelmeer entlang dieser parallel zur Bergkette verlaufenden Küstenstraße! Der Ausblick reicht über die steilen, steinigen Hänge, die rote Erde und die silbrigen Olivenbäume bis zum dunklen Blau des Meeres weit unten, wo seine Wellen sanft und schwach wirken, wenn die leichte Brise in den Kiefern flüstert. Dies läßt den Betrachter den wahrscheinlich unausweichlichen Tag fürchten, an dem die Aufmerksamkeit irgendeines neuen Lord Brougham*) auf diese Küste gelenkt wird, die sich dann in einen Ort der Villen und Kasinos, der Luxushotels und modischen Kleidung, der Eleganz und der Verbrecher verwandeln wird.

Hier übertrifft die natürliche Schönheit jeglichen Reiz, den der Süden Frankreichs hätte bieten können, bevor der Mensch Hand an ihn legte und aus ihm ein künstliches Paradies machte. Hier gibt es keine Angeberei, keine falsche Pracht, nur die Fülle der Natur, deren silbergraue Bergspitzen nach oben, deren rote Erde und glänzende Bäche hinunter zum weiß umsäumten Meer streben. Das Jahr zählt hier höchstens vierzig Regentage, und im Winter ist die Hälfte der Tage wolkenlos.

Überall um uns herum, als wir uns immer weiter von Palma entfernen, zeigt sich die naive Einfachheit des mallorquinischen Bauern bei seiner Arbeit auf dem Lande. Ein Künstler ist er in allem, was er mit seinen Händen herstellt, z.B. die Scharniere der Tore aus grobem Holz, welche die Terrassenfelder auf den Berghängen voneinander trennen. Um die Tore zu halten, nimmt er kein Eisen, das quietscht und das von der Sonne gebleichte Holz mit braunen Roststreifen verziert, sondern schnitzt die Scharniere aus massiven Stämmen der Bergkiefer oder Eiche:

Zunächst wird das Holz gehobelt, bis es sechs oder sieben Zentimeter dick ist, dann so geschnitten, daß es eine Form ähnlich der eines Tischtennisschlägers annimmt. Mitten im runden Teil öffnet man ein Loch mit sieben Zentimetern Durchmesser. Das Wirken des Künstlers zeigt sich sogar an diesem Loch, da dessen Ränder abgeschliffen und abgerundet sind, um die Härte der Linien abzumildern.

---

*) Henry Peter 1. Baron von Brougham und Vaux (1778-1868) war ein britischer Reformpolitiker, der in den 1830er-Jahren die Französische Riviera für den Tourismus entdeckte, sich dort eine Villa bauen ließ und seinen Lebensabend in Cannes verbrachte.

Den "Griff" des Schlägers schiebt man in ein vorbereitetes Loch im Felsstein oder in einer Wand und befestigt ihn dort entweder mit Zement oder mit einem Keil aus Holz, der in den Stein derart hineingehämmert wird, bis der Griff, wie von einer Zwinge gehalten, festsitzt.

Durch die Öffnung im Schläger wird ein überstehendes, rundes Holz des Tores geschoben, wodurch es – wie in einem Gelenk – frei schwingen kann.

Sicherlich ist dies ein einfaches, grobes und billiges Scharnier, aber was Wirkung, Dauerhaftigkeit und Schönheit angeht, erscheint es den Massen von Fabrikstücken, die unzählige Männer aus Eisen und Stahl hergestellt haben, weit überlegen. Diese Scharniere sind für ein ganzes Leben gebaut, rost- und narrensicher, jedes ein Einzelstück, schön in seiner Schlichtheit. Jedes Stück hat seine individuelle Note, und als Betrachter ist man davon ebenso beeindruckt, wie sein Schöpfer es sicherlich war.

Das gleiche, schlichte handwerkliche Geschick ist auch bei der Bewässerung zu beobachten. Auf den Hängen verlaufen winzige, an den Seiten abgerundete Kanäle, nur einen Zentimeter tief und zwei Zentimeter breit, in denen Wasserrinnsale in der Sonne glitzern wie silberne Fäden, die den Berg bedecken. Einige dieser handgemachten Bächlein strömen kilometerweit durch die Felsen zu Sammelbecken in den Weinbergen und Olivenhainen.

Wer Freude daran hat, in einfachen Dingen die Spuren von Menschenhand zu finden, wird sich eher für diese kleinen Zementkanäle begeistern als für die Herrlichkeit und Kraft eines römischen Aquäduktes. Sie tragen das kühle, lebensspendende Wasser der Bergquellen die steinigen Hänge hinunter, in aller Bescheidenheit, ohne Pomp und ohne Aufhebens. Sie sind Symbole des Charakters von Mallorca, genauso wie die mächtigen Aquädukte Symbole des Charakters von Rom waren.

Kurz vor Sonnenuntergang begannen wir, nach unser Herberge für die Nacht Ausschau zu halten, die eine interessante Geschichte hatte. Vor vielen Jahren kam ein einsamer und liebeskranker österreichischer Erzherzog, Ludwig Salvator*), auf der Suche nach Trost in der Abgeschiedenheit hierher, kaufte viele Hektar Berg- und Küstenland, baute sich ein Haus und gründete – aus reiner Großzügigkeit – eine *Hospederia* für Reisende. Dort erhielten die müden und fußlahmen Wanderer kostenlose Unterkunft für drei Nächte mit Bettwäsche, Oliven, Salz und Kohlen fürs Feuer. Und dort gedachten wir zu übernachten, obwohl nicht als Gäste des Erzherzogs, da seit seinem Tod 1915 aus der *Hospederia* eine *Fonda* geworden war, wiewohl deren ursprünglicher Charakter erhalten blieb.

Bald trafen wir eine ältliche, unförmige spanische Frau zusammen mit einem ältlichen, unförmigen Mädchen um die zwanzig Jahre herum. Sie pflückten am Straßenrand Blumen und Gräser, und wir fragten sie nach dem Weg zur *Hospederia*.

La Hospederia? Aber wir seien gerade daran vorbeigelaufen. Wirklich, einfach daran vorbei. Hätten wir sie denn nicht gesehen, auf der linken Seite der Straße? Ja, wir hatten etwas gesehen, aber für ein Privathaus gehalten. Nein, oh nein, das war die *Hospederia*, weiter nach rechts. Diese Richtung wiederholte sie mindestens zehnmal, kräftig mit Betonung und Gestik unterstützt. Wir bedankten uns, aber sie blieb bei ihren Erklärungen: Je mehr wir uns bedankten, desto mehr erklärte sie. Nach fünf Minuten ununterbrochener Erläuterungen, als wir uns endlich verabschieden konnten, sagte sie, sie wäre auch Gast und würde uns dorthin begleiten.

---

*) Habsburgischer Erzherzog (1837-1915), der von 1864 bis kurz vor seinem Tod auf Mallorca lebte, dort großen Landbesitz erwarb, sich – bereits damals – für den Landschaftsschutz einsetzte und Flora, Fauna und Folklore der Insel in mehreren Büchern dokumentierte.

Den ganzen Weg zurück unterbrach sie keine Sekunde ihren Redefluß darüber, wie wir die *Hospederia* verpaßten. Allein dem Wirt erklärte sie es – mit ständig wachsender Erregung – fünfmal. Und den ganzen Abend lang erzählte sie allen anderen Reisenden, wie sie uns davor bewahrt hatte, immer und immer weiter im Unendlichen suchen zu müssen, ohne je die Herberge zu finden. Sie fühlte sich als Heldin des Tages. Am Ende hatten wir unzählige Male gehört, wie wir am Gasthaus links vorbeigelaufen seien.

Die *Hospederia* war sauber und kühl mit den üblichen kahlen Wänden und gefliesten Böden. In Mittelpunkt des Hauses lag die Diele mit unebenem Pflastersteinboden und Holzbänken an den Wänden. Unser großes Schlafzimmer war nur durch ein zweites großes, anscheinend nicht belegtes Schlafzimmer zu erreichen.

Der Wirt, ein dicker, schwammiger Kerl mit einem groben, gelben Gesicht, kochte auf einem Kohleofen in einer Abseite neben der Diele. Seine Frau und zwei hübsche

Töchter bedienten uns. Seine Frau war klein, mit braunen Knopfaugen und flinken Bewegungen, die uns an eine Maus erinnerten.

Gut aßen wir an diesem Abend nicht, da die Mahlzeit, obwohl reichhaltig, von sehr grober Zubereitung war. Der Mann konnte nicht kochen; er tunkte alles in braune Soße und würzte es mit Knoblauch. Den anderen Gästen – eine unglaublich runde Frau mit einem dünnen Ehegatten, ein kleiner, langweiliger Mann, der endlos über Geschäfte schwadronierte, und ein Bauer mit einem lahmen Bein, der keinen Ton von sich gab, und unsere ältliche, unförmige Retterin und ihre Tochter – schien es aber zu schmecken. Die Tochter speiste in verschämtem Schweigen, aber die Mutter stopfte sich ihren Mund voll, während sie weiter erläuterte, wie wir fast die *Hospederia* verpaßt hätten.

Nach dem Essen, als wir auf den Bänken an der Wand Platz genommen hatten und uns unterhielten, flatterten einige Tauben aus der Dunkelheit durch die offene Tür herein und stolzierten unbeachtet auf dem Boden herum. Danach kam ein magerer Hund, der sich hinlegte und die Vögel mit festem Blick verfolgte. Die Spanier sprachen lebhaft miteinander, da ertönte plötzlich eine leise Stimme aus dem Stimmengewirr. Es war die des lahmen, verschwiegenen Bauern, der uns seit einer Weile scheu beobachtete: "Werden die Herrschaften hier bleiben, heut` nacht?" fragte er im breitesten Amerikanisch. Er erzählte, er hätte zehn Jahre in verschiedenen Städten Amerikas verbracht und durch den Verkauf von Würstchen und ähnlichen Leckerbissen ein kleines Vermögen verdient. Jetzt war er zurück in der Heimat, um das schöne Leben zu genießen. Ich erwiderte, ich hätte keine Ahnung gehabt, daß Würstchen derart profitabel seien.

"Aber ja", antwortete er, "drüben liegt das Geld doch auf der Straße!" Die lange Reise, der er sein Vermögen verdankte, erfüllte ihn mit Stolz, und er freute sich, eine

Sprache zu beherrschen, welche die restlichen Anwesenden nicht verstanden.

Ich fragte ihn, ob viele Mallorquiner nach Amerika auswanderten, aber er verneinte das, die meisten seien damit zufrieden, auf der eigenen Insel zu bleiben. Ich erinnerte ihn daran, daß ein Franziskanermönch aus Mallorca, *Junipero Serra*)*, die Stadt San Francisco gegründet hätte, und er erwiderte "Ja, der hat was geleistet!"

Bei diesem kleinen, amerikanisierten Mallorquiner verspürte man einen eigenartigen Konflikt in seinem Stolz. Einerseits war er stolz darauf, in Amerika gewesen zu sein, und lobte es als das großartigste Land der Welt; auf seine Heimatinsel aber war er noch stolzer. Er wollte unbedingt, daß wir Mallorca liebten, aber ob wir Amerika liebten oder haßten, das war ihm egal.

Wir gingen zu Bett und erhielten eine Kerze von der Wirtsfrau, die sie uns durch eine Luke in der Küchenwand zuschob, und gingen über die enge Treppe nach oben. In aller Unschuld betraten wir das äußere Zimmer vor dem unseren. Unglücklicherweise war es von der rundlichen Spanierin und ihrem dünnen Mann belegt. Der unerwartete Anblick einer Dame in Unterwäsche ist immer peinlich, unabhängig von den Begleitumständen. Aber wenn der besagte Anblick kreischt, durch das Zimmer trampelt und sich bis zum Kinn hinter dem Bett versteckt, und wenn der dazugehörige dünne Mann sich in einem langen grauen Nachthemd davorstellt, um die Dame besser vor unserem Blick zu schützen – dann ist die Situation wirklich etwas angespannt.

Wir zogen uns zurück und blieben draußen stehen, um den nächsten Schritt in dieser delikaten Situation zu beraten.

---

*) *Junipero Serra*, Priestername des Franziskaners José Miguel Ferrer aus Petra (1713-1784). Gründer von San Francisco, Kalifornien, im Jahre 1776 und weiterer Missionsstationen am Camino Real von San Diego über Los Angeles und Monterey nach San Francisco.

Kurz darauf öffnete sich die Tür; der Mann entschuldigte sich mit einem gezwungenen Lächeln für den Zwischenfall und bat uns durchzugehen, da seine Gattin sich derzeit im Bett befinde. Wir nahmen dankend an und hielten das Gesicht strikt vom Bett abgewandt. Als wir unser eigenes Zimmer betraten, konnte ich einem Blick zurück doch nicht widerstehen: Die rundliche Dame, anstatt vor Wut und Scham flach zu liegen, saß aufrecht im Bett, lächelte und nickte uns "gute Nacht" zu.

Um eine Wiederholung der Situation am nächsten Morgen zu vermeiden, gingen wir mit äußerster Sorgfalt vor: Wir bemühten uns, Lärm zu machen, als wir uns anzogen; wir scharrten einen Stuhl über den Boden und husteten laut und häufig als Warnsignal. Zweimal klopften wir an die Tür, bevor wir sie aufmachten. Keine Antwort. Als ich vorsichtig ins nächste Zimmer lugte, schlief das Paar fest, der dünne Ehemann mit einem Arm als Schutz über die Schulter der rundlichen Dame.

Auf Zehenspitzen schlichen wir hindurch und entkamen. Nachdem wir Kaffee, Sauerteigbrot und Obst gefrühstückt hatten, zahlten wir – vierzehn Peseten, umgerechnet neun Schilling für uns beide – und zogen los. Wir wollten das Haus des liebeskranken Erzherzogs besuchen; obwohl jetzt unbewohnt, wurde es vom gegenwärtigen Besitzer im Zustand gehalten, wie der Erzherzog es hinterlassen hatte.

Wir fanden das Haus – im schlichten maurischen Stil mit zwei riesigen Palmen davor – auf einem kleinen Plateau einige hundert Meter abseits der Straße. Die Fensterläden waren geschlossen, wir näherten uns dem Torbogen und schauten in die Eingangshalle. Wie die meisten mallorquinischen Häuser besitzt es weiße Wände und Steinfußböden; auch am anderen Ende entdeckten wir zwei schöne Torbögen. An einer Seite stand ein großer Tisch aus Eiche auf Böcken, und hinter ihm, auf einer Bank an der Wand, saß eine der ältesten Frauen, die wir je gesehen hatten.

Ihr Körper war gekrümmt, und ihr braunes Gesicht bestand aus einer Vielzahl tiefer Furchen. Mit Hilfe zweier Stöcke quälte sie sich auf die Beine. Wir sprachen sie auf Spanisch an, aber sie konnte nur Mallorquin, das sie mit dünner, unsicherer, hoher Stimme sprach. Sie hob einen ihrer Stöcke – ich dachte schon, sie wolle uns schlagen, aber stattdessen ließ sie ihn auf den Tisch krachen. Vertieft in Gemurmel schlurfte sie durch einen der Torbogen und verschwand ins Dunkel. Aus der Finsternis kam ein unheimliches Kichern, dann hörten wir ihre schleppenden Schritte nicht mehr, und alles war still.

Es war rätselhaft. Wir warteten einige Minuten vergebens auf ihre Rückkehr, dann gingen wir auf die Suche. Bald hörten wir Schritte in der Halle, und eine jüngere Frau erschien: schlank, dunkelhäutig und mit einem schwarzen Tuch um den Kopf. Ihre Mutter habe sie über unsere Anwesenheit informiert, und sie sei gekommen, um uns das Haus zu zeigen. Wie sich herausstellte, waren beide viele

Jahre lang Bedienstete des Erzherzogs gewesen und führten nun die Aufsicht über das leere Haus. Sie ging mit uns zu einer Kammer im zweiten Stock, die dem Erzherzog entweder als Arbeitszimmer oder als Stube gedient haben mag. Darin befanden sich mehrere geschnitzte spanische Stühle mit Kissen aus blauweißem, mallorquinischem Leinen und etliche Bücher; die Wände waren mit zahlreichen schönen Tellern geschmückt.

Auf einem Tisch verstreut lag Kleinkram: Federn, Tinte, Siegel und, mitten darin, ein Stück alter, staubiger Schokolade. Ob letztere auch eine Hinterlassenschaft des Erzherzogs war, weiß ich nicht, aber es half doch, den verstorbenen Adligen menschlicher zu machen.

Er war ein bemerkenswerter Mann gewesen, kein Zweifel. Angeblich beherrschte er fast alle europäischen Sprachen. Als er im Sterben lag, konnte er sie aber nicht mehr auseinanderhalten, sondern gab ein derartiges Wirrwarr von sich, daß nur ein Sprachexperte seine letzten Wünsche hätte interpretieren können. Eine seiner erstaunlichen Leidenschaften galt den Bäumen. Der dichte Baumbestand im weiten Umkreis um das Haus ist seiner Einflußnahme auf die Holzfäller zu danken. Sein Feuerholz stammte nicht vom eigenen Gut, sondern wurde anderswo gekauft.

Diese Leidenschaft kostete den Erzherzog viel Geld: Denn wenn ein Stück Wald in Sichtweite seiner Villa von der Axt bedroht wurde, kaufte er das Grundstück, um die Bäume zu retten. Die Landbesitzer der Gegend wußten das auszunutzen und ließen das Gerücht streuen, sie planten, ein Gelände zu roden, wann immer ihnen ein Verkauf in den Sinn kam, und erzielten so einen guten Preis. Und der Erzherzog kam derart in den Besitz von Tausenden von Hektar Bergland entlang der rauhen Küste.

Luis Salvador hatte einen Sekretär, mit dem ihn ein offenbar außergewöhnliches Verhältnis verband. Am deutlichsten drückt dies eine kuriose Marmorskulptur aus, die – im

Auftrag des Erzherzogs – von einem italienischen Bildhauer geschaffen wurde und nun in einem Raum im Erdgeschoß steht. Es handelt sich um die Darstellung eines Engels, der dem Sekretär verkündet, er möge aufhören zu arbeiten. Luis Salvadors Testament ermöglichte es dem Sekretär, dem Befehl des Engels zu folgen, da er den ganzen Reichtum seines Herrn erbte!

"Er war also ein guter Mann, der Erzherzog?" fragte ich unsere Führerin, die ja eine seiner Dienerinnen gewesen war. "Ja, und ob!" antwortete sie, schüttelte langsam den Kopf und schaute mich mit traurigen, braunen Augen an, "er ist der gütigste Mann der Welt."

Sie sprach von ihm, als ob er noch lebte, und ich glaube, für sie war er immer noch lebendig, anwesend in dieser einsamen Villa. Sie hielt seine Räume sauber und pflegte seine geliebten Teller und Möbel so, als ob er sie noch täglich gebrauchen würde.

Sie brachte uns durch eine Pergola zu einer winzigen, runden Kapelle, die er für seinen privaten Gottesdienst hatte errichten lassen, und zeigte uns dann einen Pfad, der die Klippe hinunter zur Kapelle des *Ramon Llull* führte, des Heiligen von Mallorca*). An derselben Stelle, wo sich gegenwärtig die erzherzogliche Villa befindet, gründete *Llull* im dreizehnten Jahrhundert die erste christliche Universität für abendländische Sprachen und Missionare. Ihm zum Gedenken wurde auf einem einsamen Felsen eine kleine, weiße Kapelle über dem Meer gebaut. Über einen groben Klippenpfad und eine kleine Steinbrücke, welche die tiefe Schlucht zwischen den Hängen und dem einsamen Felsen überspannt, gelangt man dorthin.

---

*) Ramón Llull (1235-1316), auf Mallorca geborener Begründer der katalanischen Literatur. Er versuchte, die Araber und Juden Nordafrikas zum Christentum zu bekehren und wurde der Legende nach in Bougie (Algerien) gesteinigt und später als Märtyrer selig gesprochen. West bezeichnet ihn irrtümlich als "Heiligen".

Die beiden Grundsteine dieser Kapelle haben ihre besondere Geschichte. Der eine kommt aus Bougie in Afrika, wo man Ramon Llull steinigte, der andere aus San Francisco in Kalifornien zur Erinnerung an den mallorquinischen Franziskanermönchen, der die Stadt gründete. Das Innere der Kapelle weist nur zweieinhalb Meter Durchmesser auf, am Boden verstreut liegen die Skelette von Vögeln. Sie haben sich durch eine zerbrochene Glasscheibe in den kleinen Turm verirrt und den Weg hinaus nicht wieder gefunden.

Bald darauf stiegen wir über einen Klippenpfad zur Straße hinauf und machten uns auf den Weg zur kleinen Stadt Deya. Die Straße windet sich mal hoch über dem Meer, mal ins Landesinnere um eine Aussparung in den Bergen herum, um nicht wieder ins tiefe Tal absteigen zu müssen. Aber dort kann man in der sonnigen Stille wandern, und von Schatten spendenden Bäumen pflückt man goldene Apfelsinen und Zitronen, Kirschen und grüne Feigen. Die Fee saß eine Viertelstunde lang auf einem großen Stein und aß vom schattigen Baum mehr grüne Feigen, als sie sollte.

"Landstreicher und Diebe!" würde ein Moralist vielleicht sagen, aber die Mallorquiner sehen das anders: die Früchte sind in solch einem Überfluß vorhanden, daß sogar der ärmste Bauer dem Fremden gerne soviel schenkt, wie er tragen kann. Apfelsinen und Zitronen liegen auf dem Boden verstreut wie Falläpfel in einem Obstgarten in Kent.

Durch die Haine kamen wir nach Deya, einem Städtchen, das so winzig ist, daß es in England als Dorf gelten würde. Es liegt an einem Abhang nahe dem Meer und erstreckt sich bergauf hoch zur *Fonda,* die auf einer Terrasse über der Stadt schwebt. Zu allen Seiten ragen die Berge empor und umschließen Deya auf seinem ansteigenden Hügel. Wir gingen zur *Fonda* hinauf, wo wir von der kleinen, ernsten Wirtin begrüßt wurden, deren Gesichtsausdruck den ruhigen Frieden zeigte, den wir allenthalben auf dieser Insel antrafen. Ob sie uns etwas zu essen bringen könne? Ja, in fünfzehn Minuten. Sie führte uns zur Terrasse, wir setzten uns unter die bewachsene Pergola, und sie lehnte sich hinaus und rief ihren Mann, der im Garten auf dem Hang arbeitete.

"Julio, Julio – turistas!"

Julio rief etwas zurück und tauchte bald mit Gemüse beladen auf, mit frischem Salat, Artischocken, Kartoffeln und einem Kohlkopf. Auch er hat diese friedliche Ruhe im Gesicht und diese sanften, freundlichen braunen Augen. Er ist schlank und braun, seine Haare sind grau. Bald bedient er uns im kleinen, weißen Speisesaal der *Fonda,* durch die Küchentür reicht ihm seine Frau ein Gericht nach dem anderen. In einem Dorfgasthof in den Bergen erwartet man nicht unbedingt ein Festessen, aber genau das haben die beiden uns vorgesetzt. Es begann mit Wein und einer Gemüsesuppe, dann kam eine Auswahl stark gewürzter Würste mit geschmortem Kohl. Danach die unvermeidlichen Lammkoteletts, gefolgt von einem Gemüseteller.

Dann Huhn und ein Salat, Artischocken in Öl eingelegt, ein Obstkorb und eine Rechnung – vier Peseten pro Person. Jeder zahlt eine halbe Krone [2¹/₂ Schilling] für sein Festessen! Nur auf Mallorca kann solch ein Essen einem Besucher, der rein zufällig einen Dorfgasthof aufsucht, in fünfzehn Minuten serviert werden.

In Deya gibt es nichts zu besichtigen und nichts zu tun, außer in Frieden die Zeit in den Bergen und den Zitronengärten zu verträumen. Die Bewohner bestellen das Land oder gehen den üblichen Berufen nach: Schustern, Stuhlsitze aus Palmenfasern flechten und Weben. Wir wollten unbedingt am Abend in Sóller sein, und daher zogen wir am Nachmittag wieder los.

Als wir etwa einen Kilometer von Deya gewandert waren, hörten wir den Lärm von Automobilen hinter uns. Um eine Ecke der Bergstraße, in einer goldenen Staubwolke, näherte sich ein großer Wagen mit etwa 50 Meilen in der Stunde. Er war voll bepackt mit Passagieren: Die Männer mit Schutzbrillen saßen eng beisammen, hielten ihre Hüte fest und brüllten einander ins Ohr, um sich verständlich zu machen. Die Frauen mit Schleiern, deren lose Enden sie flattern ließen, trotzten mit verkniffenen Gesichtern dem Luftstrom. Der Wagen schoß lärmend an uns vorbei, und es kamen noch einer und noch einer. Der Überfall war auf dieser engen Straße derart unerwartet, daß wir uns wie ein Paar aufgescheuchter Hühner hinter Felsen in Sicherheit flüchteten.

Dann aber ging es erst richtig los. Dreißig offene Fahrzeuge, voll bepackt mit Leuten, die wir durch den Staubwirbel nur vage sehen konnten, heulten über die Bergstraße. Das ferne Meer, die Sonne, die Bergspitzen, alles wurde durch den Staub verdeckt und verschwand vor dem Anblick Gottes und der Menschen und insbesondere vor dem Blick der Motorisierten. Aus den Tälern hallte der

Lärm der Motoren und das Hupen wider. Die weidenden Schafe auf den Hängen hielten inne, glotzten verschreckt und flohen. Graue Echsen flitzten über die Steine und ließen ihre Häute hinter sich, um sich in Rissen und Löchern zu verstecken ... Richtig geraten, in den Autos saßen reiche amerikanischen Touristen, die sich Mallorca "vorgenommen" hatten.

Man erzählte uns später, daß sie am Morgen in Palma auf einem Kreuzfahrtschiff, mit dem sie Europa bereisten, angekommen waren. Sie hätten auf der Suche nach Autos für ein ganzes Schiff voller Amerikaner Palma auf den Kopf gestellt. Jetzt jagten sie über die halbe Insel und wollten vor Sonnenuntergang wieder in Palma sein, um zurück an Bord ihres Schiffes zu gehen, das sie dann nach Marseille bringen würde.

Dort fuhren sie also, mit Heulen und Hupen auf ihrem Weg durch Berge, die sie nicht sehen konnten, hoch über einem wunderschönen Meer, das vor ihnen versteckt blieb, mitten in der erhabensten Landschaft Europas, die sie nicht genießen konnten, da in jedem Kopf nur ein einziger Gedanke herrschte: Bloß nicht den Hut verlieren!

Eine Moralpedigt wäre hier wohl angebracht, etwa so: Sehet die Gefahren des Reichtums, wie er den Menschen blendet vor den Herrlichkeiten der Erde. Ja, daß er ihn sogar wie mit dem Wirbelwind in die entferntesten Ecken der Erde wehet, aber ihn nichts lehret. Wie er ihm alle Früchte der Erde gebet, ihm aber den Genuß verwehret ...

Am Abend, als die Sonne hinter die Berge sank, führte uns die Straße ins Landesinnere. Als wir um einen Hügel bogen, sahen wir die glänzend weiße Stadt Sóller weit unten in einem weiten Tal zwischen den Bergen. Gewaltige, graue Felsenmassen ragten um die Stadt herum empor; sie erschien wie eine Herde Schafe, die auf einer Lichtung im goldenen Licht der untergehenden Sonne weidet. Zugleich wirkte sie staubig und von der Sonne ausgetrocknet, zu tief eingebettet in schützende Berge, als daß der Wind sie je erreichen könnte. Als wir dastanden und herunterschauten, hörten wie wieder den Lärm vieler Autos. "Jetzt kommen sie zurück", sagte die Fee und verschwand rasch hinter den Felsen.

Noch einmal jagten sie an uns vorbei, die Gesichter der Insassen durch Grimassen entstellt. Und immer noch galt ihre ganze Aufmerksamkeit dem Bestreben, Hüte und Schleier nicht zu verlieren. Diesmal aber zählten wir nur neunundzwanzig Autos, und es dauerte eine halbe Stunde, bevor wir das dreißigste zu sehen bekamen. Es stand am Straßenrand, der Fahrer lag darunter, sein Gesicht war verdeckt von einer Schmutzschicht aus Schweiß und Staub. Er versuchte verzweifelt, den Motor zu reparieren. Im Auto saßen zwei besorgte Frauen, und durch den Staub stapfte ein wütender Mann hin und her und sagte: "Wir werden hier auf diesem Felsbrocken sitzen bleiben, das sag' ich euch. Wir werden mit Sicherheit das verdammte Schiff verpassen, und dann können wir ihm durch halb Europa nachfolgen. So ein Mist!"

Wir haben nie herausgefunden, ob das Schiff auf diese Vermißten gewartet hat oder nicht. Aber sehr wahrscheinlich ist, daß ein Auto zurückkam, um sie zu holen, sobald das Fehlen des dreißigsten Autos bemerkt wurde.

Beim Abstieg in Richtung Sóller wurde die Hitze noch intensiver, da die Berge rund um die Stadt dazu beitragen, daß Soller zu den heißesten Orten der Insel gehört. Daher auch zählt Sóller unter allen Städten Mallorcas die meisten Orangen und die meisten Mücken.

Erschöpft schleppten wir uns über die glühend heißen Straßen, an denen – zum Schutz vor der Hitze – fast alle Türen und Fensterläden geschlossen waren. Alsbald fanden wir im Schatten eines kleinen Platzes die *Fonda*, die wir suchten. Der Inhaber lag im kühlen Inneren in einem Korbsessel und versuchte, sich mit einem Teller Luft zuzufächeln. Er schien äußerst erschöpft: ich war dennoch so frei, ihn zu fragen, ob die Hitze ihm zuviel wäre?

"Die Hitze, *Señor*? Das ist es nicht, aber die Amerikaner! Ach, diese Amerikaner! Die überfallen mich auf der Suche nach Essen wie ein Schwarm Fliegen, und ich muß die ganze Stadt absuchen, um genug zu finden, sie zu füttern."

Wir fragten nach Unterkunft, und er rief die Verwalterin, nicht, wie wir bald herausfanden, weil er zu faul war, sich selbst um uns zu kümmern, sondern weil sie seine Herrin war. Sie beherrschte alles. Sie war blaß und dünn mit dunklen, grimmigen Augen, in denen die Unzufriedenheit loderte. Ihre Stimme war grell und laut. Obwohl sie nicht unhöflich war und uns ein kaltes, aufgesetztes Lächeln gönnte, taxierte sie ungeniert unsere Kleidung mit harten, berechnenden Augen. Bevor wir noch richtig angekommen waren, wurde uns bereits klar, daß sie begonnen hatte, unsere Rechnung mit kleinen Überraschungen aufzustocken. Ich wußte, die Rechnungssumme würde schon deshalb höher ausfallen, weil die Fee eine Jacke aus Seide und Wolle trug, die sie in Paris gekauft hatte. Zum ersten Mal hatten wir auf Mallorca mit einem solchen Menschenschlag zu tun. Das rührte daher, daß Madame ihre Erziehung auf dem Kontinent genossen hatte. Eine Aura von aalglatter, bedrohlicher Höflichkeit umgab sie, in die sich die Mentalität der ungehemmten Geldgier hüllte. Sie würde keineswegs in einem eleganten Londoner Geschäft aufgefallen sein, und als sie uns nach oben führte, erwarteten wir fast zu hören: "Dieses Zimmer wäre für Gnä` Frau sehr vorteilhaft, sehr passend. Und die Wandfarbe schmeichelt ungemein dem Teint der Gnä` Frau."

Solche Begegnungen lassen uns den gradlinigen, einfachen Charakter der Insulaner um so mehr schätzen. Noch ist der Mallorquiner vom Geist des Midas unberührt. Auch er möchte natürlich, daß sich die Dinge in Gold verwandeln, aber daß sie sich in Freundschaft und Glück verwandeln, wünscht er ebenfalls. Er verlangt einen fairen Preis für das, was er bietet, und man hat keinen Grund, darüber Verhandlungen zu führen. Nie würde er versuchen, jemanden, den er für unwissend hält, zu betrügen. Aber die Seele der Madame hier ist die einer kühlen Rechenmaschine; sie beherrscht sämtliche Techniken des kontinentalen Verkäufers, der auf Kunden lauert, die zufälligerweise vorbeikommen. Allzu gern nimmt sie ihm das letzte Geld ab und schickt ihn seines Wegs, immer mit einem kalten, seelenlosen Lächeln auf den Lippen.

Tüchtig aber ist sie. Sie betreibt die *Fonda,* und lenkt den Inhaber und ihre Diener im perfekten Zusammenspiel. Der Inhaber sitzt herum und gähnt zwischen den Mahlzeiten, die er zubereitet. Die gelingen ihm gut, da auch er einmal im Ausland war. Wenn wir schlafen gehen, hängen zwei von Madames voluminösen rosa Mückennetzen aus Tüll über unseren Betten, damit wir dort liegen und uns vorstellen können, daß wir unter freiem Himmel schlafen.

Sóller ist nunmal wegen seiner Mücken berühmt. Und ich finde, sie verdienen es auch, berühmt zu sein – wegen ihrer Fähigkeit, die Netze zu umgehen. Als wir darunter in die Betten krochen, hatten wir noch keine Mücke bemerkt, aber innerhalb einer halben Stunde summten unter dem rosa Baldachin niederträchtig viele Flügelchen. Die Fee schlug in der Enge um sich und scheuchte kräftig, aber Scheuchen ist nicht die richtige Verteidigungsmethode gegen diese Mücken. Und so beschwerte sie sich bald, daß ihr linkes Auge zu sei. Der Stich einer Sóller-Mücke vermag alles zu schließen – sowohl ein Auge als auch die Geschichte eines langen, arbeitsreichen Lebens.

Es fiel uns ein, wir könnten kurz aus dem Bett steigen und die Netze offen lassen, so daß die blutrünstigen Biester uns vielleicht folgen würden. Es schien zu klappen, denn nach fünf Minuten auf den kühlen Fliesen am anderen Ende des Zimmers umsummten die Moskitos unsere Ohren und Fußgelenke. Wir schlichen uns wieder leise ins Bett, zogen die Netze um uns herum, stopften die Enden fest unter die Matratzen und lauschten befriedigt dem Heulen der frustrierten Insekten außerhalb, die wie gebannte Dämonen ihrer verlorenen Hölle nachwimmerten.

Eine Eigenart der Mücken ist es, daß sie die Eigenschaften der Völker, deren Blut sie saugen, anzunehmen scheinen. Die Mücke, die am wenigsten Ärger bereitet, ist die deutsche. Sie ist träge und langsam beim Start und im Flug. Ihr verpaßt man den Todesschlag ohne große Schwierigkeiten. Ähnlich ist es mit der englischen Variante. Die mediterranen Arten aber sind die übelsten Europas. Das französische Modell halte ich für das allerschlimmste, da es angreift, das Blut schlürft, und – Uiiiiiii – weg ist es, bevor die vernichtende Hand richtig ausholen kann. Die spanische Mücke scheint zwar etwas langsamer als die französische zu sein, besitzt dafür aber mehr Ausdauer. Wenn sie ihr Opfer nicht nachts erwischen kann, dann lauert sie sozusagen vor der Tür, um es am Morgen zu erledigen, ehe sie zur *Siesta* unter die Decke fliegt. Wie das spanische Volk ist auch deren Mücke sehr musikalisch: Ihre Melodie voller Triller und Abwechslungen könnte ohne weiteres ein schönes Wiegenlied abgeben, wäre sie nicht ein Warnsignal und derart unheilverkündend.

DON JUAN UND SEIN MAULTIER ROJA

Ein Klappern auf dem Dach weckte uns nach einer mückengeplagten Nacht, da trotz aller Vorkehrungen doch einige Angriffe stattgefunden und unsere Gesichter darunter gelitten hatten. Das Klappern ging weiter, etwas klopfte seinen Weg an der Wand der *Fonda* hoch, und ein dunkles Objekt warf seinen Schatten auf unser Fenster.

Wir sprangen erschrocken aus dem Bett und entdeckten Juanita, eine Dienerin. Sie zog einen Korb voller Wäsche aufs Dach, um sie in der Sonne trocknen zu lassen. Dabei aß sie Obst, und als sie uns bemerkte, legte sie zwei Apfelsinen in den nun leeren Korb, ließ ihn hinunter und wünschte *"Buenos, Señor, buenos, Señora."*

Nach einem Schluck Kaffee gingen wir in die Stadt. Obwohl erst Anfang Mai, war die Hitze schon intensiv. Auf der Straße beschäftigte man sich mit den Vorbereitungen für das alljährliche Festspiel, mit dem man eine Woche lang den Sieg der Bewohner Sóllers über die türkischen Piraten im Jahr 1561[*] feiert.

Diese schlichen sich damals bei Nacht in die schlafende Stadt, so wie sie es schon mit fast jeder Ortschaft auf den Balearen getan hatten. Sie griffen aus verschiedenen Richtungen an, blieben aber letztlich erfolglos. Denn ein Einwohner namens *Angelats* faßte sich ein Herz, sammelte eine Truppe Männer und Frauen um sich und schlug die Piraten zurück, dezimiert um fünfhundert Mann, die Beute gesucht hatten, aber ihr eigenes Ende fanden.

Beinahe in jeder Kleinstadt Mallorcas erzählt man von verzweifelten Schlachten bei Nacht und von Siegen über die Piraten. Der Stolz Sóllers kennt keine Grenzen, wenn man den Sieg *Angelats* mit Tanz und Gesang, mit flatternden Fahnen und Festessen feiert.

---

[*] Der Überfall vom 11. Mai 1561 wurde vor allem mit Hilfe der Frauen Sollers, der *Valentes Dones de Can Tamany* zurückgeschlagen.

Dem Besucher fällt schnell auf, daß das Tal von Sóller der Garten Mallorcas ist. Überall gibt es Obstbäume, und das Klima im Winter ist wohl das günstigste der ganzen Insel. Die Lage in einer fruchtbaren Senke zwischen hohen Bergen schützt die Stadt vor kalten Winden, Frost hat Seltenheitswert. Ein bevorzugter Zeitvertreib am Abend ist ein Spaziergang an den Eisenbahngleisen entlang, wo wir Dutzende von Leuten trafen. Diese Gewohnheit ist aber weniger außergewöhnlich, als sie auf den ersten Blick erscheinen mag, denn nur wenig Züge befahren täglich das Gleis. Es wird von Orangen- und Zitronenhainen gesäumt mit hohen Dattelpalmen hier und dort, die ihre Blätter in der Sonne ausbreiten.

Auf der einen Seite, hinter den Orangenbäumen, wirbelt und gurgelt ein Fluß aus den Bergen, der sich seinen Weg durch eine schmale Schlucht bahnt. An seinem Ufer stehen zahlreiche weiße Häuser mit weiteren Apfelsinen-, Zitronen- und Dattelbäumen, und im Februar öffnet der Mandelbaum dort seine rosa Blüten.

Und dann gibt es noch die Gaswerke, scheinbar ein Ort ganz und gar ohne Romantik. In Sóller aber – und wo sonst? – wird ein Gasometer mit Kletterrosen in Rot und Weiß verschönt, die sich aus dem Beet nach oben durch ein Eisenspalier winden. Wir bewunderten die Verwandlung einer plumpen Monstrosität in echte Schönheit, als ein junger Arbeiter aus einem Schuppen kam, einige Rosen pflückte und sie uns überreichte. Wir sagten ihm, wie außergewöhnlich es uns vorkam, Rosenkultur in einem Gaswerk anzutreffen, aber er schien daran nichts Bemerkenswertes zu finden.

Diesen Ort würde ich gerne den Vorstandsmitgliedern einiger unser Gaswerke in England vorführen, um ihnen zu zeigen, was sich alles mit einem Gasometer machen läßt, aber ich fürchte, sie würden für einen derartigen unwirtschaftlichen Unfug wenig Verständnis haben. Es ist kaum denkbar, daß sie einem Vorarbeiter Gehör schenkten, der vorschlüge, Rosen um den Gasometer oder Gartenwicken um die Schlackenhalden zu pflanzen.

Am Ende einer flachen, staubigen Straße liegt Puerto de Sóller an einer kleinen, blauen Bucht. Wie alle mallorquinischen Städte in Küstennähe besitzt auch Sóller einen Hafen in einigen Kilometern Entfernung. Denn in früheren Zeiten war es nicht klug, eine Siedlung direkt an der Küste zu gründen: Die Überfälle der Mauren kamen zu häufig und zu überraschend. Daher entwickelten sich die Städte weiter landeinwärts. Angreifer mußten so im Dunkeln erst ihren Weg finden, während die Stadtbewohner – durch Vorposten gewarnt – Zeit fanden, einen gebührenden Empfang für die ungebetenen Gäste vorzubereiten.

Nach einigen Tagen in Sóller fühlten wir uns allmählich durch die Berge bedrängt. So nahe waren sie, und so vollständig umzingelten sie uns, daß wir das Bedürfnis verspürten, sie zu überqueren. Wir wollten sehen, was auf der anderen Seite lag, versteckte Wunder vielleicht, kühle, grüne Seen zwischen den Felsen, wirbelnde Bäche, Wölfe, dunkle, geheimnisvolle Höhlen ... .

Eines Abends also fragten wir Madame, wo wir ein Maultier auftreiben könnten, das uns über die Berge brächte.

"Ach, ein Maultier kann ich für sie finden!" rief sie. "Ja, das beste Maultier Sóllers und den besten Treiber dazu, der drei Sprachen spricht: Spanisch, Mallorquin und Französisch. Stellen sie sich vor: drei Sprachen und ein Maultier für so wenig Geld!"

"Wieviel Geld?"

Die Summe lag ihr auf der Zungenspitze, aber sie beherrschte sich und sagte nur: "Das weiß ich nicht, Sie müssen es mit ihm abmachen, aber es wird sehr, sehr wenig sein. Ich laß ihn kommen, und Sie können alles klären."

Wir hatten so unsere Zweifel wegen dieses Treibers. Mit Sicherheit war er einer von Madames Handlangern, und wer könnte mit solch einem Begleiter glücklich reisen?

Eigentlich wären wir lieber alleine durch die Berge gegangen, aber mehrere Leute hatten uns davon abgeraten. Ein Maultier ohne Treiber ging nicht; die einzige Alternative wäre gewesen, das Tier zu kaufen.

Am Abend, als wir in der Diele der *Fonda* speisten, kam ein kleiner, schlanker Mann mit mahagonifarbener Haut und ruhigem, elastischen Gang herein. Seine schlichte Bekleidung bestand aus einem blauen Hemd, einer dunklen Hose und roten Spadanias .

Als er an uns vorbeiging, blickten seine wachen, braunen Augen von links nach rechts, und augenblicklich brachte Madame ihn zu uns.

"Señor Don Juan Trias, der Maultiertreiber"*, sagte sie theatralisch, trat einen Schritt zurück und verschränkte die Arme.

Wir fanden Don Juan auf Anhieb unwiderstehlich. Er war ein lebendiger, spritziger Knirps, dem der Schalk aus den Augen blitzte. In ernsthaften Momenten hatte er die feierlichen Hofmanieren eines Märchenprinzen. Seine Mundwinkel war nach oben gebogen, als ob er ständig ein Lächeln zu unterdrücken versuchte. Die Fee bemerkte Lachfalten unter seinen Augen.

Don Juan legte die Hand aufs Herz, machte eine Verbeugung und wartete, daß wir das Gespräch begännen. Wir sagten, wir wollten ein Maultier für eine Reise über die Berge nach Lluch und Pollensa, ein Maultier, das weder treten noch beißen würde, nicht störrisch wäre und nicht unbedingt den äußersten Rand einer Klippe betreten würde. Ob er so ein Tier besäße?

"Señor", sagte er, *"so eine Mauleselin habe ich, sie ist so brav, daß sie ein Baby in den Schlaf schaukeln könnte."*

"Wir wollen aber", sagte die Fee, "ein liebes Lasttier und keine Amme."

"*Señora*", sagte Don Juan, "diese Mauleselin ist so lieb, daß Sie Ihnen etwas von ihrem Futterhafer geben würde, wenn Sie Hunger hätten. Sie wird in Ihrem Dienst klettern und klettern, bis sie erschöpft zusammenbricht, und dabei würde sie Ihnen ihren Körper als Kopfkissen überlassen, während sie im Sterben läge."

"Das hört sich wie ein Mustermaultier an", sagte ich. "Wieviel wird sie kosten?"

"Mit dem Treiber zusammen fünfundzwanzig Peseten am Tag, *Señor*."

"Das ist teuer."

"Es ist eine gute Mauleselin, *Señor*, vom Treiber ganz zu schweigen."

Darüber verhandelten wir eine Weile. Fünfundzwanzig Peseten war ein stolzer Preis, da Unterkunft und Verpflegung für Don Juan die ganze Zeit zu unseren Lasten gehen würden. Am Ende einigten wir uns auf zwanzig Peseten pro Tag für Tier und Treiber zusammen, die Mauleselin hätte sich "um ihren eigenen Proviant zu kümmern", für Don Juan würden wir aufkommen.

"Aber", sagte die Fee auf einmal, während sie Don Juan Strenge vortäuschte, "das Maultier muß beige sein. Anders geht es nicht. Auf keinen Fall kann ich auf einem Maultier einer anderen Farbe sitzen."

Don Juan war völlig verdutzt und schaute uns irritiert an.

"Damit es zu meinem Mantel paßt", sagte die Fee und zeigte auf ihre Kleidung.

Don Juan zögerte kurz, dann entrunzelte sich seine Stirn.

"Gut, dann wird es ein Maultier dieser Farbe sein müssen", meinte er ernst. "Ein beiges Maultier, das zu ihrem Mantel paßt, das sich um seine Verpflegung selbst kümmert, mit einem Treiber, der französisch spricht, für zwanzig Peseten am Tag – das haben Sie wahrhaftig gut gemacht, *Señora.*"

Seine Augen tanzten derartig, daß wir einfach lachen mußten, und er lachte mit. Er war einverstanden, auf uns ab neun Uhr zu warten, machte seinen Diener, ließ seine weißen Zähne aufblitzen und verschwand.

Als wir am nächsten Morgen kurz nach acht Uhr hinunter kamen, war er schon da und inspizierte unsere Essensvorräte, die wir mitnehmen wollten. Wir hatten mehrere große Pakete für uns, auch zwei Flaschen Wein, und ein Paket für ihn.

"Sehen Sie, *Señora*, wie versprochen, die beige Mauleselin", sagte er und führte uns zur Tür, "und ich habe ihr braune Schuhe gegeben, die zu denen der *Señora* passen."

Unser Galan hatte tatsächlich die Hufe der Mauleselin braun gefärbt und poliert! Unsere Mauleselin war zudem so beige, wie ein Maultier es sein kann, und sie schaute uns mit kritischem Interesse an, als wir näherkamen, um die Packtaschen zu begutachten. Als Sattel dienten ein paar schwarzweißer Schafsfelle. Don Juan stellte uns die Eselin vor, als er das Essen und viele Zitronen in der einen Tasche, und das bißchen Gepäck und unsere Mäntel in der anderen verstaute. Ihr Name sei, sagte er, *Roja* – Aussprache *Roh Ha* – und sie sei das beste Maultier auf ganz Mallorca. Daß sie leichtfüßig und wendig war, sah man, und ihr Eifer loszugehen, ließ sie den Boden mit ihren zierlichen Hufen aufwühlen.

Nachdem unser Hab und Gut in die Taschen gepackt war, wollten wir die Rechnung begleichen. Wie wir es erwartet hatten, gab es Diskussionen, worüber ich nicht viel zu erzählen brauche, denn die waren langweilig und am Ende unbefriedigend, wie derartige Diskussionen es immer sind. Einen kleinen Sieg aber errangen wir: Entgegen aller Gewohnheit des Landes hatte Madame den Wein berechnet.

Als wir dagegen protestierten, war sie so freundlich, die Summe wieder abzuziehen, um einer Niederlage zuvorzukommen. Es war typisch für sie, daß sie sich – nachdem sie unser Geld erhalten hatte – nicht die Mühe machte, sich zu den beiden Bediensteten zu gesellen, die uns an der Tür eine gute Reise wünschten.

Um auf ein Maultier zu steigen, das keine Steigbügel trägt, gibt es drei Möglichkeiten: Ein sehr wendiger Reiter gelangt mit einem Bocksprung auf dessen Rücken. Wie ein Fahrradartist, der sein Gefährt seitlich besteigt, kann man auch von der Seite hinaufspringen, oder man wählt die ruhige Variante und steigt mit Hilfe eines Steins oder eines Stuhls in den Sattel, so gut es geht. Die Fee hatte sich für die letzte Methode entschieden, und viel Zappeln und Drehen brachten sie letztlich auf die weichen Schafsfelle über Rojas Schultern; ihre Füße hingen um Rojas glatten, beigen Hals.

Auf je einer Seite gingen Don Juan und ich; bald verließen wir die Stadt und kletterten die unteren Berghänge hinauf. Die staubige Straße läuft zunächst durch Oliventerrassen, aber etwas höher, am *Puig Major*, dem höchsten Berg der Insel, verkümmert sie zu einem harten, beschwerlichen Maultierpfad, dem alten Weg über die Berge. Dort ließen wir die Olivenbäume hinter uns und gelangten zu grauen Felsklippen und eisigen, rauschenden Bächen. Wir wanderten an einer Schlucht entlang, deren Hang einem Regenbogen ähnelte, rot und blau und grün, lila und rosenrot. Und weit unten strömte das Wasser grün, schaumig und heiser auf seinem steinigen Kurs zum Meer.

Don Juan hatte pausenlos den Himmel abgesucht und zeigte plötzlich auf einen Punkt, der hoch in der Luft über uns stillzustehen schien wie ein dauerhafter Fleck im blauen Himmel.

"Er wartet darauf", sagte Don Juan, "daß wir eines Tages von den Felsen stürzen. Wir sind alte Freunde!"

Es war ein Geier, der viele hundert Meter hoch über uns schwebte in der Hoffnung, irgendein Unglück würde ihm ein Mahl aus Menschenfleisch liefern. Don Juan kannte ihn gut. Er begleite ihn auf jeder seiner Überquerungen der Berge, sagte er, und gäbe niemals die Hoffnung auf, daß ihm eines Tages ein falscher Schritt die ersehnte Gelegenheit bieten würde.

Seltsam, wie die Anwesenheit eines lauernden Geiers eine stabilisierende Wirkung auf den Bergwanderer hat. Er wählt seine Schritte überlegter, und in seinem Bewußtsein wird die Tiefe der Schlucht, die er passiert, um vieles präsenter!

Ein Sturz, der den hungernden Schnabel nach unten locken würde, muß um jeden Preis vermieden werden. Jedesmal, wenn Roja sich einem gefährlichen Wegrand näherte, sah ich, wie die Augen der Fee gen Himmel wanderten, als ob sie dachte, der Geier könne schon in Vorfreude mit seinem Anflug beginnen.

Don Juan beruhigte sie. Sie brauche keine Angst zu haben, sagte er. Habe Roja sie nicht in ihrer Obhut? Roja würde sie den Geiern nicht vorlegen, dafür sei die Eselin zu sicher.

Und es stimmte, Roja war wirklich fabelhaft. Sie erklomm zuverlässig die in Stein gehauenen Treppen, drückte sich um haarscharfe Kanten und an gefährlichen Abgründen entlang, wo eine ihrer Taschen gegen einen steilen Hang ratschte und die andere über einer hundert Meter tiefen Klippe hing. Ein oder zwei Mal trat sie auf einen losen Stein, und die Hufe rutschten einen Zentimeter oder zwei. Sie raunte sich daraufhin selbst einen Tadel zu, ein kleines Grollen tief unten im Hals.

"Sie ist stolz", sagte Don Juan. "Ja, sie ist stolz, *Señora*, und mag es nicht, einen falschen Schritt zu tun, weil sie weiß, sie ist die beste Mauleselin Mallorcas. Habe ich das nicht immer gesagt?"

Es wurde kalt, und es freute uns zu sehen, wie Don Juan die Mäntel aus den Satteltaschen holte. Eine Wolke schwebte von einer Bergspitze herunter und umgab uns wie ein weißes Tuch, aber das störte Roja nicht, und Don Juan rief von hinten zu Ermutigung *"Arrrr-iiii-ii"* mit starker, hoher Stimme. Eine ganze Schlucht unter uns war mit der Wolke gefüllt und sah aus wie eine mit Baumwollwatte vollgestopftes großes Loch.

Bald entkamen wir dem weißen Tuch und betraten ein grünes Plateau zwischen den Felsen. Hier gab es keinen Wind, keine Abkühlung, und trotz einer Höhe von zwölfhundert Metern über dem Meer brannte die Sonne wieder heiß.

Mehrere Bächlein wanden sich über die Hochfläche, aber Don Juan warnte uns, aus ihnen zu trinken, das Wasser der meisten sei wegen bestimmter chemischer Substanzen nicht trinkbar. Er kannte aus eigener Erfahrung die Wirkung des Wassers der "schlechten" Bäche. Wir machten es uns neben einem "guten" Bächlein bequem und aßen zu Mittag, während Roja sich einem Sack Hafer widmete. Dann setzten wir unseren Weg fort.

Ab und zu verschwand Don Juan, um eine halbe Stunde später und einen Kilometer entfernt zwischen den Felsen wieder vor uns aufzutauchen, zurück von einem Besuch bei einem befreundeten Holzfäller, Hirten oder einsamen Bauern. Hin und wieder trödelten wir herum oder kamen vom Pfad ab, so daß der Sonnenuntergang uns bereits mehrere Kilometer vor Erreichen des Klosters Lluch ereilte, unserem anvisierten Übernachtungsziel. Just dann begann es zu regnen, und über den Himmel zuckten Blitze.

"Da haben wir den Salat", sagte die Fee, was immer das auch heißen sollte.

"Sehen Sie, die Hütten der *Carboneros*. Dort finden wir Unterschlupf", meinte Don Juan.

Er rief Roja etwas zu und rannte den rauhen Pfad entlang, Roja hinter ihm. Die Fee ruckelte auf ihren Schafsfellen kräftig herum, und ich hetzte hinter Roja her. Mittlerweile peitschte der Sturm durch die Berge. Die Blitze schossen in Pfeilen vom schwarzen Himmel, warfen riesige, flackernde Schatten um uns herum und verschwanden wieder im nichts. In der Dämmerung glänzten die grauen Felsen im grellen Schein wie die Turmspitzen einer weißen Stadt. Das Grollen des Donners wurde immer lauter und kam immer näher, bis die Berge auf uns zuzurollen schienen wie monströse Kugeln auf einer Kegelbahn. Sie waren zu einem Alptraum aus furchterregendem Klang und unheimlichem Licht geworden.

Roja verlieh ihrer Unruhe lauten Ausdruck, als sie über die Felsen kraxelte und Don Juan sie ermutigte. Wir rochen brennendes Holz, und alsbald stolperten wir in den schwachen Schein eines Feuers, der drei kleine, runde Hütten zum Vorschein brachte.

Sie waren aus losem Stein errichtet mit Dächern aus Strohkegeln. Es hätte die Behausung vorgeschichtlicher Menschen sein können, die hoch in den Bergen ihre Zeit überlebt hatten. Als wir uns näherten, traten mehrere lange, hagere Gestalten aus den türlosen Hütten in den Feuerschein und warteten auf uns. Es waren die Köhler der Berge, die an solch einsamen Orten leben, abgeschieden von der menschlichen Gemeinschaft. Sie fällen Bäume und brennen sie zu Kohle für die Haushalte in den Städten und Dörfern weiter unten.

Ein Mann wie ein Wolf, fast zwei Meter groß, trat hervor und lud uns in eine der Hütten ein. Er hatte ein sympathisches, gutwilliges Gesicht und ging wohl auf die fünfzig zu. Gekleidet war er in Lumpen. Er folgte uns in die Hütte und zeigte auf zwei Steine als Sitzgelegenheit.

Am hinteren Ende der Hütte, die so niedrig war, daß man kaum aufrecht stehen konnte, erhob sich – einem Altar ähnlich – ein Steinhaufen. Davor war Stroh ausgebreitet, darauf einige Decken; zwischen den Decken lag eine Frau mit einem neugeborenen Kind. Für eine Geburt ein wahrhaftig hartes, grobes Bett!

Große Stücke getrockneten Schweinespecks hingen von der Decke. Neben dem Bett lag ein klobiger Sack, aus dem Trockenbohnen auf den Erdboden gefallen waren.

Im gelben Schein einer Talgkerze sah uns die junge Mutter an und lächelte. Wir fragten, wie alt das Kind sei. Eine Woche. War es hier auf dem Steinbett geboren worden? Ja, dort wurde es geboren. Es war ihr siebentes Kind. Einige seiner Brüder und Schwestern betraten jetzt die Hütte, um uns neugierig zu begutachten. Wir gaben ihnen ein paar Apfelsinen, und danach plauderten wir mit dem Köhler.

Was für ein Leben, einsam in den Bergen! Als erstes muß der Köhler einen geeigneten Platz für seine Arbeit finden, am besten mit reichlich Baumbestand. Dann baut er sein Haus, die Wände aus lose aufgehäuften Steinen und das Dach aus Stroh, so gekonnt gemacht, daß kein Tropfen Regen durchdringt. Mit seinen Söhnen zusammen fällt er die Bäume und hackt die Stämme und größeren Zweige zurecht. Wenn das Holz fertig präpariert ist, vergräbt er es in einem großen Erdhügel, zündet Feuer an und deckt den Hügel wieder zu.

Eine Woche oder länger schwelt das Holz, und der Rauch leckt langsam aus tausend Rissen des Hügels heraus, der ein Herz aus Feuer zu haben scheint. Tag und Nacht muß ein Familienmitglied auf das eingegrabene Feuer achten und – mit einer langen Harke in der Hand – um den Hügel herumgehen. Jede Flamme, die durch einen Riß herausschießt, muß mit Erde abgedeckt werden, denn das Holz darf nicht brennen.

Der Köhler und seine Familie leben im beißenden Qualm, atmen ihn ein, schlafen in ihm, essen verräucherte Lebensmittel. Wenn das schwelende Feuer ausgebrannt ist, öffnet er den Hügel, läßt das nun zu Kohle gewordene Holz abkühlen, und bringt alles per Maultier oder Pferdekarren zum Verkauf ins nächstgelegene Dorf.

Für die Familie ist diese Reise in die Stadt ein großes Ereignis. Weg mit den verräucherten Lumpen. Hände und Gesicht werden im Bach bei den Felsen geschrubbt; saubere Bekleidung erscheint aus geheimen Verstecken in den Steinhütten. An eine Mauer wird ein Spiegel gehängt, vor dem die ganze Familie sich fein herausputzen kann!

Wenn der zulässige Baumschlag erschöpft ist, werden aus den Köhlern Nomaden, die – auf der Suche nach neuem, geeignetem Terrain – ihre groben Hütten verlassen, um anderswo Behausungen zu errichten und auch dort einige Monate lang zu bleiben. Oft stößt man in den Bergwäldern Mallorcas auf verlassene Hütten, wo man die Nacht verbringen kann, ist der Tag bereits weit fortgeschritten.

Der hagere Wolf erzählte uns, er hätte sein ganzes Leben damit verbracht, in einsamen Gegenden Holzkohle herzustellen. Das Handwerk hatte er von seinem Vater erlernt. Es sei, meinte er, ein harter Beruf, obwohl er auch gute Seiten habe: Die Ruhe, die Freude des in-die-Stadt-Gehens, die Freiheit. Viel Lohn brächte er nicht! Zwanzig bis dreißig Peseten in der Woche, mehr sei nicht zu erzielen. Ein schlechtes Entgelt, aber er sei dennoch zufrieden.

Don Juans Rückkehr unterbrach uns; er schüttelte niedergeschlagen den Kopf, und erklärte, der Regen hätte nicht aufgehört. Die Fortsetzung der Reise sei sehr schwierig, er bedauere es unendlich, aber es wäre wohl klüger, eine Übernachtung hier in Betracht zu ziehen, falls der Köhler uns die Herberge anböte.

Wir hatten mit einer Übernachtung in den Bergen nicht gerechnet, sondern geplant, das Kloster zu erreichen. Aber Don Juan beharrte darauf, daß es zu gefährlich sei, bei Dunkelheit und Regen weiterzureisen.

Wie ein gediegener Gastgeber stand der Köhler auf und bot uns in seiner langsamen, sanften Stimme eine seiner Hütten für die Nacht an. Seine Frau, auf ihrem Altar aus Stein, unterstrich seine Einladung und beschwor uns, auf keinen Fall die Reise an einem solchen Abend fortzusetzen. Wir hatten keine andere Wahl, als die Einladung anzunehmen.

Die Hütte, die uns zugewiesen wurde, ähnelte der, in welcher wir uns vorher aufgehalten hatten. Man gab uns zwei exzellente Kopfkissen aus starkem, rotweiß karierten Stoff und dazu drei Decken. Daraus bereiteten wir unser Bett. Nach einem Mahl – Essen aus den Satteltaschen – wünschten wir Roja, die an einen Baum gebunden und mit einer Plane bedeckt war, gute Nacht, zogen uns die Schuhe aus und gingen schlafen.

Es wurde eine ereignisreiche Nacht. Obwohl der Donner langsam abzog und der Regen fast aufgehört hatte, flackerten immer noch Blitze durch die Berge und warfen ihr schwaches, gelbes Licht durch das Stroh in die Hütte. Wir versuchten, es uns bequem zu machen, und dachten zuerst sogar, wir hätten es geschafft. Von wegen!

Das aufgehäufte Stroh schien zunächst weich zu sein, aber sobald unser Körpergewicht es zusammengepreßt hatte, wurde es so hart wie die darunterliegenden Steine.

Bald bekamen wir Besuch. Die hellwache Stimme der Fee verriet ihre wachsende Entrüstung, als sie fragte: "Kitzelst du mir die Fußsohlen?" Dieses leugnete ich entschieden, da ein Mann, falls er noch bei Trost ist, die Fußsohlen seiner Frau nicht kitzelt, wenn sie – während eines Sturms in den Bergen – auf einem Bett aus Stein liegt. "Dann muß etwas anderes hier im Bett sein!" rief sie in Panik.

Ich zündete ein Streichholz an und sah in der Nähe ihrer Füße eine lange, graue Eidechse, die sich durch die Strohmatte mühte. Nie wieder habe ich jemanden so schnell aus dem Bett springen sehen, wie die Fee es augenblicklich tat. Die Echse verschwand über die Seite des Bettes in einer Ritze.

Noch ein Streichholz zeigte mir sechs Augenpaare, die wie Edelsteine aus anderen Ritzen zwischen den Steinen hervorglänzten; hier und dort verriet die Spitze eines langen Schwanzes, daß sich deren Besitzer in die geheimen Ecken des Bettes verkrochen hatten. Eidechsen im Bett können selbst unter normalen Umständen zu Störfaktoren beim Schlafen gezählt werden, da sie nicht ruhig im Bett liegen, sondern unter dem Stroh zappeln und rascheln.

Es ist eine lästige Angewohnheit von ihnen, aus einem Loch herauszuflitzen, einen kurz anzuglotzen, um dann wieder zu verschwinden. Diesen Bewegungen um uns herum zum Trotz, schliefen wir schnell ein, da der Tagesmarsch uns erschöpft hatte.

Mehrmals während der Nacht wurden wir geweckt, einmal durch Bewegungen Rojas, einmal, als der Köhler kräftig harkte, danach durch den erstickenden Rauch, der zu uns hereindrang und letztlich, kurz nach Sonnenaufgang, durch die Vorbereitungen der Familie auf ihr Tagewerk. Sie stärkten sich mit grobem, sauren, bräunlichen Brot, mit Kaffee und Ziegenmilch und boten auch uns davon an. Wir aßen und tranken mit Appetit, da wir hungrig waren. Der hagere Wolf kochte derweil schon das Mittagessen, indem er große Stücke Fett in einen Topf warf und Mengen von getrockneten Bohnen dazugab.

In einer halben Stunde war Roja "gesattelt", und wir waren startbereit. Ich fragte Don Juan nach angemessener Bezahlung für unsere Herberge, aber er schüttelte den Kopf. "Für die Unterkunft werden sie kein Geld annehmen", sagte er, "aber vielleicht zwei Peseten für das Brot und den Kaffee."

Ich bot dem Köhler zwei Peseten an. Lässig akzeptierte er und ließ die Münzen ohne einen zweiten Blick in seine Tasche fallen. Die ganze Familie blieb noch eine Weile stehen und schaute uns zu, als wir aufbrachen, wobei sie ihre Augen mit den Händen vor der Sonne schützten. Alsbald widmeten sie sich wieder ihrer Arbeit, als ob sie uns auf der Stelle vergessen hätten.

Eigenartige, einsame Leute waren sie, abgeschnitten von der Menschheit, und mit anscheinend wenig Interesse an der Welt außerhalb ihres Kreises von Steinhütten. Don Juan meinte, sie seien gute Menschen, gute Freunde, ehrliche Männer trotz ihrer Lumpen und ihrer Armut, und das glaube ich ihm gerne.

An diesem Morgen war Don Juan gut gelaunt und gesprächig. Mit viel Gewese schnaubte er sich die Nase, um uns zu zeigen, wie seine kleine Tochter seine Initialen in ein Taschentuch gestickt hatte. Die Mallorquiner sticken ihre Initialen in jedes Stück Leinen, das ihnen gehört. Sie haben eine wahre Leidenschaft für Monogramme. Nachdem Don Juan uns genügend imponiert hatte, sprang er über die Felsen und schnitt mir einen Stock von einem Baum, damit ich besser auf dem steinigen Boden zurechtkäme.

Plötzlich zeigte er auf rote Formationen weit unter uns. "*Gorge Blau*", sagte er. "Die schönste Schlucht in den Bergen. Lassen Sie uns dorthin gehen."

Nach einer Stunde begannen wir, über eine breite Spalte ins Berginnere abzusteigen. Sie verjüngte sich allmählich auf nur noch höchstens vier Meter. Immer steiler ragten die Seiten der Schlucht empor, höher und höher und wie rot und blau und grau bemalt, bis der Streifen azurblauen Himmels über uns wie ihr Dach aussah. Auf einem schmalen Felsgrat balancierten wir an einer Seite der Schlucht entlang. Nur knapp zwei Meter tiefer lag einer der kältesten, grünsten und klarsten Seen, der je eine Menschenseele zu einem erfrischenden Bad verlockt haben mag. Die smaragdfarbenen Untiefen der eisigen Transparenz besaßen blaue Schatten an ihren Flanken aber irgendwo im Grünen hielten sie halb versteckt die rotschimmernde Wärme der aufragenden Wände der Schlucht.

Die Schlucht wurde wieder breiter, und bald kamen wir seitlich des Berges heraus, um den Abstieg fortzusetzen. Endlich erreichten wir den staubigen, harten Weg, der sich durch die dunklen Steineichenwälder windet. Kurz darauf hörten wir Hufe, die auf Steinen klapperten. Unter den Bäumen tauchten vier Esel auf, die sich in eine Reihe stellten und uns anstarrten, obwohl ihr Interesse nicht uns, sondern Roja galt. Der jungen Dame allerdings war die Aufmerksamkeit dieser zotteligen Gesellen offenbar gar nicht willkommen. Sie schnaubte laut, hob höhnisch ihren Kopf und schlug verächtlich mit dem Schweif. Als wir die Esel passiert hatten, verriet uns ein erneutes *Klop-klop* der Hufe, daß sie uns folgten. Don Juan hob einen Stein auf und warf ihn in ihre Richtung. "Diese Viecher", stöhnte er, "haben keine Manieren und keine Moral. Immer wieder ärgern sie Roja mit ihren Gelüsten, aber sie will mit ihnen nichts zu tun haben. Sie ist eine anständige Mauleselin, die anständigste Mallorcas."

Einen Kilometer lang blieben uns die leidenschaftlichen Esel – trotz der gut gezielten Steine, die häufig voll und dumpf ihre Körper trafen – auf den Fersen, ehe sie ihr Liebeswerben aufgaben. Als wir um einen Felsvorsprung bogen, warfen wir einen letzten Blick zurück und bemerkten, wie die vier Tiere niedergeschlagen in einer Reihe quer über die Straße verteilt mit hängenden Köpfen und mitleid-erregenden, liebeskranken Augen der entschwindenden Roja nachblickten.

Von nun ab wurde der Weg leichter, die Straße wandte sich steil bergab, und weit vor uns sahen wir die sonnigen Vertiefungen eines graugrünen Tals, versunken unter den Bergspitzen. Kurz nach Mittag kamen wir in Sichtweite des Klosters Lluch.

Es liegt geschützt in einem fruchtbaren Hochtal zwischen den grauen Gipfeln, eine weiße Zuflucht in der Wildnis der Berge. Ringsherum wogte goldenes Korn in der sanften Brise, und ein erhabener Friede lag über allem. Roja hob den Kopf, erblickte die weißen Mauern in der Ferne und beschleunigte ihren Gang. Denn sie wußte, daß ein kühler, dunkler Stall mit einer Ration Hafer auf sie wartete. Sie begann sogar zu traben und mußte durch einen Zuruf von Don Juan wieder beruhigt werden.

Der Pilgerweg von den Bergen zum Kloster hinunter ist eine lange, baumbeschattete Allee. Seit Jahrhunderten sind Pilger auf dieser Straße gekommen – auf der Suche nach göttlicher Hilfe in der heiligen Stätte, die der wundersamen Entdeckung des Lluch, oder Lucas, dem Schäfer der Berge, gewidmet ist.

So lautet die Legende: An einem Sommerabend vor siebenhundert Jahren hütete Lucas seine Schafe. Er war fromm und träumerisch, und als er an einer felsigen Anhöhe vorbeikam, sah er ein Licht in einer Spalte nahe dem Gipfel. Es war aber kein gewöhnliches Licht wie der Schein eines Lagerfeuers oder der einer geschützten Kerze, sondern eine weiche, diffuse Strahlung.

Lucas eilte ihr entgegen, und fand in der Felsspalte eine Statue der heiligen Jungfrau mit ihrem Kind. Da niemand wußte, wo sie herkam, gab es nur eine Erklärung, nämlich die, welche in jenen Tagen des schlichten Glaubens für das

Unverständliche immer gegeben wurde: Sie war göttlichen Ursprungs, ein Wunder.

Von dem Tag an galt der Ort als heilig. Die Nachricht des Wunders verbreitete sich rasch über die Insel, und so nahm sich die Kirche der Angelegenheit an und ließ eine Kapelle errichten, welche die Statue beherbergen sollte, später ein ganzes Kloster. Die dunkle Marienfigur, *La Morenita*, kann man immer noch besichtigen, sie steht in einer Nische mit Vorhang über dem Altar, eine Nachbildung tausender ähnlicher Skulpturen.

Es ist eigenartig, daß eine Schöpfung göttlichen Handwerks so sehr der lokalen zeitgenössischen Kunst ähnelt und daß dem himmlischen Bildhauer nichts Originelleres zu diesem Thema eingefallen sein soll. Gleich wie man zur Statue als Kunstwerk oder der plumpen Täuschung des einfältigen Lucas steht, das Wunder verdient Anerkennung insofern, als es in der Wildnis der Berge für einen Ort der Zuflucht und Erholung sorgte, wo der Wanderer ein ordentliches Bett und reichlich zu essen bekommt.

TAGE IM KLOSTER

Auf der Frontseite des Klosters Lluch blickt man über einen breiten, von Bäumen umsäumten Platz. Rechterhand befinden sich Stallungen für mindestens zweihundert Pferde, und darüber Wohnungen für die ärmeren Pilger. An der linken Flanke stehen mehrere Gebäude; Puppenhäuser und winzige Läden sind es, wo die Familien wohnen, die dem Kloster dienen: Wäscherinnen, Bedienstete für die Pilger, Holzfäller und Klosterbauern.

Ein halbes Dutzend junger Damen, ohne Hut aber mit Schal, kam singend und untergehakt die Straße entlang, als wir uns dem Haupteingang von Lluch näherten, einem großen Bogen in der weißen Fassade, durch den wir einen Blick auf eine lange, breite Passage und einen Garten mit Kreuzgang werfen konnten. Wir banden Roja an einem Ring in der Mauer fest, durchquerten Torbogen und Garten und liefen einen langen, weißen Korridor bis zum Ende hinunter. Dort zog Don Juan an einer Kette, die irgendwo hinter einem eisernen Tor eine Glocke läuten ließ.

Nach wenigen Minuten erschien ein dicker, wohlgelaunter Mann, der uns die Hand gab, seine Freude über unsere Ankunft ausdrückte und uns durch den Korridor zu einer Kammer führte, in der er verschwand. Alsbald tauchte sein rundes Gesicht in einer Art Schalterklappe in der Mauer wieder auf. Wir bemerkten, daß der Schalter eine eigentümliche Wirkung auf ihn hatte: Er hörte auf, Gastgeber zu sein und verwandelte sich in einen Amtsinhaber.

Der Leser wird sicherlich ebenfalls schon bemerkt haben, daß Schalterklappen generell diese Wirkung auf Menschen haben: Wer immer hinter der Klappe sitzt, fühlt sich dem Bittsteller auf der anderen Seite überlegen. Es war nun nicht so, daß unser Gastgeber bewußt seine Überlegenheit ausspielte, vielmehr nahm seine Miene eine autoritäre Strenge an, und das Wissen, daß er amtlich handelte, ließ ihn ernst werden. Deshalb auch mußte er uns jetzt nach unseren Wünschen fragen, denn wozu dient eine Schalterklappe, wenn nicht dazu, Fragen zu stellen?

Wir sagten ihm, wir würden gern die Gastfreundschaft des Klosters in Anspruch nehmen. Er erwiderte, Lluch werde uns gerne Unterkunft gewähren sowie Kohle und Salz bereitstellen, solange wir wollten. Er hätte uns dies alles auch außerhalb des Schalters mitteilen können, aber wahrscheinlich fand er, seine Einladung klänge amtlicher, wenn sie durch die Öffnung ausgesprochen würde.

Danach durchquerte er den Raum und ging auf die größte und geheimnisvollste Truhe zu, die wir je gesehen hatten. Sie wird wohl vier Meter lang, anderthalb Meter breit und ein Meter vierzig tief gewesen sein. So eine Truhe hätte die rätselhaftesten Sachen enthalten können; sogar die vierzig Räuber hätten sich darin verstecken können. Der große Deckel quietschte beim Öffnen, und schließlich kam eine gewaltige Anzahl strahlend weißer Laken und Kopfkissenbezüge zum Vorschein; eintausend dicke Leinenlaken waren in der Truhe, sowie fünfhundert schneeweiße Kopfkissenbezüge, und weiß Gott wie viele Handtücher. Durch das kleine Schalterloch überreichte er uns vier Laken, zwei Kopfkissenbezüge und zwei Handtücher. Er händigte uns einen großen Eisenschlüssel aus, einen Märchenschlüssel, der dazu hätte dienen können, die Eichentüre einer Burg im Mittelalter zu öffnen. Nachdem er uns also mit allem Nötigen ausgestattet hatte, verschloß er die Truhe, verließ den Schalter, und ließ die Amtsmiene sofort wieder fallen; ähnlich einem väterlichen Butler, der seiner Familie seit zwanzig Jahren dient, führte er uns zu unserem Zimmer. Dann verließ er uns, und wir blieben uns selbst überlassen.

Wir fanden ziemlich schnell heraus, daß das Kloster zu Lluch nicht ganz so demokratisch war, wie man es vielleicht von einem Kloster erwartet. Insbesondere bei den Zimmern wird zwischen Arm und Reich unterschieden.

126

Die im Erdgeschoß sind den Armen vorbehalten und mit weniger Komfort ausgestattet als die den Reichen zugedachten Räume im oberen Stockwerk.

Nach einer zehnminütigen Suche im kühlen Steinkorridor fanden wir endlich unsere eigene Wohnung, die aus zwei Zimmern bestand. Das erste mit einer schweren, wenngleich beschädigten Tür besaß zwei Schaukelstühle, auf jeder Seite des Fensters einen. Auf dem Steinboden lagen zwei Teppiche aus Schafsfell, einer schwarz und einer weiß, außerdem gab es einen kleinen Tisch. Das Fenster öffnete sich auf den Platz, wo sich Lindenbäume im Wind wiegten und das Zimmer mit ihrem Duft füllten; unten sprudelten flüssige Edelsteine aus einem Brunnen. Das andere Zimmer hatte zwei riesige Doppelbetten aus Eiche, und über jedem hing ein elektrisches Licht. Zusätzlich gab es noch ein kleines Waschbecken aus Eisen mit einer Schüssel aus Blech sowie vier Stifte als Garderobe in der meterdicken Wand. In diese hatte man ein Fenster, das etwa dreißig mal zwanzig Zentimeter maß, in eine sich verjüngende Öffnung gebaut, so daß die Aussicht einem Blick durch das falsche Ende eines Fernrohrs ähnelte.

Die erste Tat der Fee war ein Sprung in die Betten. Sie liebt kuschelig weiche Betten, und dachte wohl immer noch an das Steinlager des Köhlers.

"Himmlisch", seufzte sie.

Dann gingen wir daran, die Betten zu machen, da die vom Kloster angebotene Unterkunft keine Dienstleistungen einschließt. Das Bett zu machen und das Zimmer sauber zu halten, sind Sache des Gastes. Ebenso muß er sein Essen im öffentlichen Speisesaal selbst bezahlen, es sei denn, er bringt eigene Lebensmittel mit und kocht sie in der Küche, die ihm zur Verfügung steht. Da wir keinen Vorrat hatten, gingen wir wieder hinunter und suchten den Speisesaal auf.

Don Juan hatte Roja in ihren Stall gebracht und sonnte sich in Gedanken versunken auf dem Platz. Wir sagten ihm, wir würden nun gern etwas essen. Er schüttelte den Kopf. "Essen ist noch nicht gestattet", sagte er, "vorher müssen wir zum Gottesdienst in die Kapelle. Ich werde Sie dorthin begleiten."

"Aber wir wollen nicht zum Gottesdienst. Sie gehen dahin, und wir gehen essen."

"Aber essen ist unmöglich. Die Türen des Speisesaals sind während des Gottesdienstes für alle verschlossen."

Er hatte entschieden, daß wir zum Gottesdienst sollten, und nichts konnte ihn dazu bringen, uns entkommen zu lassen. Mit den glühenden Augen eines fanatischen Missionars führte er uns wie zwei Penitenten zur Tür der Kapelle. Es war das erste Mal, daß er seine Frömmigkeit zeigte. Drinnen kniete er mit gebeugtem Kopf, bis der Gottesdienst vorbei war.

Die Kirche wird von grellen elektrischen Birnen beleuchtet. Dort herrscht kein trübes Klosterlicht, sondern gleißende Helligkeit, welche die Augen ermüdet. Die einfachen Bewohner Lluchs, für die der Anschluß an das Stromnetz einem Mirakel gleichkam, hängen Glühbirnen an jedem nur denkbaren Ort auf, wie Kinder, die ihr neues Spielzeug vorzeigen möchten. Einige der alten Männer in Lluch haben sich immer noch nicht an das Wunder des elektrischen Lichts gewöhnt.

Unter der hellen Beleuchtung war fast die ganze Bevölkerung Lluchs versammelt: alte, braune Männer mit klarem, wachem Blick und Bauernmädchen. Sie saßen in den Gängen auf eigenen Stühlen oder knieten auf dem gefliesten Boden und schauten mit verträumten Augen zum Altar, der voller Kerzen stand. Hinten auf einer Empore sang ein Knabenchor mit hohen, metallischen Stimmen im Wechselspiel mit dem Priester.

Für die Insulaner ist die Religion lebendige Wirklichkeit, nicht eine Sache, für die man nur am Sonntag den besten Hut oder Rock dem Kleiderschrank entnimmt; sie gehört zum täglichen Leben wie Schlafen und Essen. Auch wenn man selbst nicht religiös ist, beeindruckt der Glaube dieser Menschen.

Als der Gottesdienst vorbei war, begaben wir uns mit der Bauernschar zum Speisesaal. Neben uns ging Don Juan, und als wir ankamen, sagte er: "Die Bedienung werde ich für Sie aussuchen. Sie ist sehr hübsch, sie hat Würde, Stolz und die Haltung einer Königin."

Wäre sie tatsächlich eine Königin gewesen, hätte sie als Schauplatz für ihre Schönheit keinen edleren Palast als diesen Speisesaal wählen können. Ein riesiger, kühler Raum mit vielen Fenstern und einem Fußboden aus Marmor in Rosenrot und Schwarz, Wänden mit der Farbe von Eierschalen, hohen Säulen aus Porphyr, welche die Bögen aus grauem Marmor stützen, und über den hängenden Lampen rosa Musselintücher. Nur die Tische sind leider eine Schande, Machwerke mit Beinen aus Eisen und Marmorplatten, wie man sie in jedem drittklassigen Teeraum in London antreffen kann.

Hier kostet ein gutes Essen immer noch wenige Peseten, obwohl es nicht mehr von den Mönchen zubereitet wird. Der Speisesaal ist an einen gutmütigen, alten Mann verpachtet, der zusammen mit seiner Frau auch einen der winzigen Läden vor dem Klostereingang betreibt. Sie kochen alles, was der Gast zu bestellen wünscht.

Während unserer Inspektion des Speisesaals bestimmte Don Juan die Kellnerin, die uns bedienen sollte, und führte sie zu uns. Sie war eine interessante Verkörperung seiner Vorstellungen von einer idealen Königin. Schlank und wendig war sie schon, doch sie schritt mit einem aufsässigen Wirbeln ihrer Röcke einher.

Nun, aufsässig darf eine Königin nie sein. Kaltherzig, grausam, sogar entsetzlich unmoralisch darf sie sein und trotzdem eine überzeugende Königin bleiben. Aufsässigkeit aber gehört sich einfach nicht für eine Königin. Diesem Charakterzug zum Trotz hatte die Königin Don Juans doch einiges Bemerkenswerte vorzuweisen: Ihr Gesicht war oval und blaß mit sehr feinen Zügen; ihr kleines, spitzes Kinn hielt sie hoch, und ihre großen, dunklen Augen lauerten hinter halb geschlossenen Lidern mit schwarzen Wimpern. Ihre Nasenlöcher schienen sich permanent aufblähen zu wollen, so, als sei sie kurz davor, sich über etwas verächtlich zu machen. Aber wenn sie lächelte ..., da wurde uns auf einmal klar, warum Don Juan sie liebte: Absolut perfekt geformt war ihr Lächeln, das ihre weißen Zähne zeigte und ein Feuer in ihren Augen entzündete. Es verschwand aber augenblicklich, und ihr Gesicht verwandelte sich wieder in eine Maske der Verachtung und Reserviertheit, und ihre Röcke wirbelten wieder voller Aufsässigkeit.

Sie war eins von einem halben Dutzend Mädchen, welche die Pilger bedienten, und ohne jeden Zweifel die Dame der Gruppe. Die anderen waren, was Geist u n d Körper betraf, schwerfälligere Bauernmädchen, jedes mit zwei Zöpfen auf dem Schal. Nachher erzählte uns Don Juan, sie käme nicht aus Mallorca, sondern aus Kastilien, und daß sie adlige Vorfahren hätte und daß, seiner Meinung nach, darunter eine Königin oder zumindest eine Aristokratin gewesen sei. Don Juan spann um ihre Person herum sein romantisches Garn, während wir haufenweise Steak, Artischocken und Obst verschlangen und dazu Rotwein tranken.

Danach brachen wir auf. Wir wollten einiges über die Organisation von Lluch erfahren. Das Thema interessierte uns, da zu bestimmten Jahreszeiten diese ruhige Zuflucht in den Bergen von Pilgern förmlich überrannt wird. Das Kloster bietet Platz für etwa fünfhundert von ihnen; der Rest muß schlafen, wo sich gerade Platz findet. Es ist klar, daß selbst fünfhundert Gäste auf einmal das Kloster schon erheblich belasten. Unter anderem benötigen sie eintausend Laken, fünfhundert Kopfkissenbezüge und fünfhundert Handtücher, die auch gewaschen, gebügelt, gefaltet und geflickt werden müssen.

Wir entdeckten die einfache Wäscherei, ein dreistöckiges Gebäude aus grauem Stein, auf einer anderen Seite des Klosters. Hier gibt es keine modernen und arbeitssparenden Geräte, die dem Träger eines Kragens Schmerzen zufügen oder gezackte Löcher im feinsten Leinen verursachen. In dieser breiten, kühlen Kammer stehen mehrere große Kessel, in denen hundert Laken gleichzeitig gekocht werden können, und diese Kessel wiederum stehen über tiefen Gruben. Unter jede von ihnen führt eine winzige Steintreppe in die mysteriöse Finsternis eines kleinen Ofens.

Als wir einen Kessel bewunderten, bewegte sich etwas in der Dunkelheit des leeren Ofens, und aus der Grube ins Licht kroch eine uralte Frau und grinste uns an. Ihr Gesicht war wie die Schale einer Walnuß, braun, trocken und schrumpelig, sie trug einen langen, glockenförmigen Rock und den breiten Strohhut, den die Bauern auf dem Acker tragen. Sie hatte nur noch zwei Zähne oder genauer gesagt, gelbe Hauer, die sie uns bei jeder Gelegenheit zeigte.

Als diese Gestalt aus der Grube stieg, war ihre Erscheinung derart grotesk, daß man wohl hätte annehmen könne, sie würde gleich mit einer schwarzen Katze auf der Schulter um die Kessel herumtanzen und dabei mit böser und schriller Stimme Zauberformeln und magische Sprüche von sich geben. Stattdessen rückte sie lediglich den Hut gerade und lächelte uns mit ihren zwei gelben Zähnen an. In der Klosterwäscherei gibt es acht von diesen alten, verhutzelten Frauen, die so alt, faltig und müde sind, daß sie nicht mehr unter der sengenden Sonne auf den Feldern arbeiten können. Fünf der Frauen sind mit Waschen und Trocknen beschäftigt, während die anderen drei sich dem Flicken der Leinenwäsche widmen. Das Trocknen findet auf dem Dachboden statt, der wie eine große Loggia ausgebaut wurde. Durch die offenen Seiten wehen die Bergwinde, während die Sonne mit ihren brennenden Strahlen das Dach aufheizt; daher ähnelt die Loggia einer Kammer, die von heißen Brisen durchzogen wird. Wenn die Wäsche trocken ist, wird der Abschlußritus des Bügelns auf dem mittleren Stockwerk, zwischen Küche und Trockenboden zelebriert. Sauberkeit scheint hier leicht wiederherstellbar zu sein, trotz des Fehlens jener zeitsparenden, aber zerstörerischen Geräte, wofür die besten und zivilisiertesten Wäschereien berühmt sind. Man erzählte uns, das Gros des Leinens sei seit fünfzehn Jahren im Umlauf, eine Leistung, mit der jede Wäscherei zu ihrem finanziellen Vorteil werben könnte.

Nicht weit entfernt von der Wäscherei ist die Armenküche, ein langer, hoher Raum mit weißen Kacheln an den Wänden und drei hohen Fenstern auf der einen Seite. Unter

den Fenstern und auf der gesamten Länge des Raumes ver-
läuft ein Vorsprung, einen Meter hoch und weißgekachelt,
in den ein Dutzend kleine Öffnungen für das Kohlenfeuer
eingelassen sind. Töpfe und Pfannen liegen auf dem
Vorsprung, und wer immer gerade kocht, wedelt mit Bin-
senfächern vor der Öffnung, um die träge Glut zum Lodern
zu bringen. Diese Küchenfeuer verlangen ununterbrochen
Aufmerksamkeit und Anstrengungen, um die Glut zu erhalten. Mit der einen Hand kümmert sich der Koch um
seine Töpfe, mit der anderen muß er kräftig fächern. In
einer Ecke der Küche liegt – für alle kostenlos – in einem
großen Kasten die Kohle. An den Wänden stehen Holz-
bänke, auf denen die Bauernkinder zappeln und nach der
Mahlzeit schreien, die ihre Mutter gerade zubereitet.

Sie wiederum spricht ununterbrochen mit ihnen, während
sie kocht und fächert. Andere Frauen, allesamt Pilgerin-
nen, kochen auf den Feuern das Nachtmahl, und der eine
oder andere hungrige Ehemann lungert herum und pala-
vert. Wenn das Essen fertig ist, wird es von den Pilgern auf
die Teller gegeben, die sie zusammen mit Gabel, Löffel und
Messer vom Kloster als Leihgabe erhalten haben. Das alles
tragen sie in den angrenzenden Speisesaal, wo sich Reihen
langer, schwerer Tische und Bänke befinden.

Die Männer waren gerade dabei, sich zu setzen, als einer
den anderen ansprach, zu uns herüberschaute und zur
Küchentür kam, um uns, wie es sich gehörte, einzuladen,
mit der Familie das Mahl zu teilen. Wie es sich ebenfalls
gehörte, lehnten wir dankend ab, blieben aber eine Weile
stehen und plauderten mit ihm. Der Mann erzählte uns, er
sei nach Lluch gekommen, um eine Fürbitte um göttliche
Hilfe zu stellen. Mit seinem Arm beschrieb er einen
Halbkreis in der Luft und zeigte auf vier kleine Mädchen,
die am Tisch mit ihren Löffeln klapperten.

"Immer nur Mädchen", sagt er, "einen Sohn braucht man
aber auch. Ja, einen Sohn, denn es gibt schon so viele

Frauen auf Mallorca, und außerdem habe ich einen Hof, und daher brauche ich Söhne. Deswegen sind wir gekommen, um einen Sohn zu erbitten. Warum sollte ich keinen Sohn haben?" fragte er indigniert. "Andere Männer bekommen Söhne, aber mir werden immer Mädchen beschert. Ist das recht? Oder ist es meine Strafe für eine Sünde ?"

Er goß etwas Wein aus einer riesigen Flasche in ein Glas und gab es mir. "*Señor*, trinken Sie auf den Sohn meines Hauses!"

Ich prostete ihm und dann auch seiner Frau zu, da ich es für angebracht hielt, auch sie mit einzubeziehen, wäre sie doch an der Produktion des Sohnes beteiligt. Daraufhin lächelte sie, nickte heftig und signalisierte damit ihre Bereitschaft bei diesem Vorhaben in allem, was von ihr verlangt werden könnte, zu helfen.

Viele Fürbitten sind so außergewöhnlich, daß die himmlischen Mächte ihre Phantasie oft sehr bemühen müssen. Vor kurzem wagte eine Pilgerin die Reise hierher mit der Bitte, der Himmel möge offenbaren, wo ein verstorbener

Verwandter eine Summe Geldes versteckt hätte. Meistens aber kommen Kranke und Verkrüppelte oder jene, welche die Last drückender Sorgen tragen.

Während unserer Zeit im Kloster waren die einzigen anderen Pilger, außer den Bauern in der Küche, ein junger Mann und eine junge Frau, Geschwister in Trauer. Ich habe den Zweck ihrer Pilgerfahrt nicht erfahren, da sie ihre eigene Gesellschaft bevorzugten und mit niemandem sprachen. Aber sie litten wohl sehr unter ihren Sorgen, da sie still und bedrückt in ihrer Trauer dasaßen und ihre Mahlzeiten mechanisch und ohne Appetit zu sich nahmen. Das letzte Mal, daß wir sie sahen, brachen sie eines Abends Richtung Escorca auf, und liefen nebeneinander schweigend auf der weißen Straße: zwei niedergeschlagene Gestalten voller Trauer im schönen Glanz des Abends.

Bevor wir am Abend zu Bett gingen, unternahmen wir in der Dämmerung eine Runde ums Kloster, da Lluch dann am reizvollsten ist. Der Mond stieg über die Berge, und die turmartigen Felsformationen, die das Kloster umschließen, wandeln sich von Grau zu Schwarz; dazwischen leuchtet Lluch wie ein Palast des Schlafes. Wer von den Sorgen der Welt oder von den Qualen der Zivilisation gepeinigt wird, der mag in dieser Zuflucht in den Bergen einen Frieden finden, der tiefer ist als alle Vernunft. Innerhalb dieser massiven Mauern gibt es keinen störenden Lärm außer das Abendlied einer Nachtigall vor dem offenen Fenster. Und am Morgen wird man wahrscheinlich vom fröhlichen Lied eines Bauernmädchens geweckt.

Um acht Uhr morgens kroch der Rauch einer Zigarette unter der Tür in unser Zimmer hinein. Bei näherer Untersuchung zeigte sich, daß Don Juan draußen auf dem Boden mit den Händen um die Knie saß, neben sich einen großen Wasserkrug, den er uns für die Morgentoilette gebracht hatte.

ZUGEREISTE UND SCHMUGGLER

An einem Morgen mit sengender Sonne und kühler Brise ließen wir Lluch hinter uns. Nach zwei Nächten in den Klosterstallungen und zwei tatenlosen Tagen freute sich Roja derart, wieder unterwegs zu sein, daß sie ab und zu fröhliche Bocksprünge machte; an ihrer Seite mußte ich Vorkehrungen zum Schutz meiner Zehen treffen.

Wir hatten die harten Bergpfade nun fast hinter uns gebracht, da von Lluch nach Pollensa eine befestigte Straße führt. Ein- oder zweimal verließen wir die Hauptstrecke, um eine Abkürzung durch die Felsen zu nehmen. Dort hörte Roja mit ihren Sprüngen auf. Ihr Gesichtsausdruck zeigte, wie sehr sie sich konzentrierte, die Ernsthaftigkeit in ihren goldbraunen Augen wirkte fast komisch. Ihren Weg auf steilem, felsigen Pfad suchte sie mit der Sicherheit und Sorgfalt einer Katze, aber einmal rutschte sie auf einer tückisch glatten Steinplatte langsam mehrere Meter, ausgerechnet an einer Stelle, wo der Pfad steil abfiel. Am Ende dieses Ausrutschers kam sie vorsichtig zum Halten, grummelte etwas in ihren Hals und schaute ihren Herrn hinter sich so schuldbewußt an, daß dieser in Lachen ausbrach, ihr einen Klaps auf die Hüfte gab und sie *petit fromage* nannte, obwohl sie unter allen Maultieren, die ich kenne, am wenigsten einem kleinen Käse ähnelte. Die Zärtlichkeit schien Roja zu gefallen, denn sie setzte den qualvollen Weg willig fort.

Der Pfad brachte uns wieder auf die Straße, und von nun an ging es bis Pollensa vorwiegend bergab. Vor uns sahen wir meilenweit nichts als grüne und silberne Täler, die sich zwischen Gipfel und Klippen schmiegten. Die Straße lief unter hohen Mauern aus Felsgestein in Rosenrot und Grau durch einsame Olivenhaine ohne das geringste Zeichen von einem Haus oder einem Menschen. Bald stiegen wir in ein Tal hinab, wo die Fee den Wunsch äußerte, zu Fuß zu laufen. Sie wollte einige Meilen gehen, um sich wieder an ihre Beine zu gewöhnen. Daraufhin nahm ich ihren Platz auf Rojas Schultern ein, und nach dem Verzehr einiger Apfelsinen, die Don Juan aus den Satteltaschen hervorgeholt hatte, brachen wir erneut auf.

Unmittelbar darauf bot uns Roja eine Vorführung ihrer erstaunlichen logischen Fähigkeiten, als sie aus der bisherigen ruhigen Gangart in einen schnellen und entschiedeneren Schritt verfiel, so daß ich die Fee und Don Juan rasch aus dem Blick verloren hatte. Nur unter Schwierigkeiten konnte ich Roja zum Stehen bringen, um auf die anderen zu warten. Don Juan holte uns bald lachend ein.

"Hatte ich Ihnen nicht gesagt, daß sie die schlauste Mauleselin auf ganz Mallorca sei?" rief er. "Es ist immer das gleiche mit ihr. Wenn sie merkt, daß sie eine schwere Last trägt, dann geht sie schneller, damit sie auch schneller ankommt. Je leichter die Last, um so weniger eilig hat sie es. Oh, sie ist schlau, dieser kleine Käse."

Daraufhin begann der kleine Käse zu trotten, so daß ich ihn festhalten mußte, so weit es möglich ist, eine beige Mauleselin festzuhalten, wenn einem nichts außer einem Halfter zur Verfügung steht.

Jetzt durchquerte der Weg gelbe Getreidefelder, führte an einem verschlafenen, einsamen Gehöft vorbei, durch kalte, klare Bäche und entlang schattiger Bäume. Wer die perfekte Art des Reisens kennenlernen möchte, sollte auf einem Maultier unter der Mittelmeersonne auf goldener Straße reiten, die von den Bergen zum Meer hinunterführt.

Es ist ein ruhiges, leichtes Schreiten, begleitet von einem metallischen Rhythmus in hoher Tonlage, den die kleinen Hufe auf dem Stein verursachen. Ohne die Ängste und Ablenkungen modernerer Transportmittel führt dies zu einem Zustand verträumter Versunkenheit in Gedanken, die keine andere Methode der Fortbewegung zu bieten hat.

Sie ist ideal für Träumer oder Entdecker. Diese Bergmaultiere brauchen nicht angetrieben oder ermutigt zu werden, und aus Gewohnheit kennen sie jeden steinigen Pfad. Ihr konstanter, unermüdlicher Paßgang führt durch Schluchten, die nach Thymian, Flieder und wilden Orchideen duften, durch schattige Haine, wo sich die Zweige unter der Last der Zitronen und Apfelsinen biegen. Dann steigt das Maultier mit sicheren Schritten wieder hinauf zu den Felsen, wo ein Mensch zu Fuß kaum hingelangt. Derart wird der Reiter von Gedanken an mögliche Gefahren oder etwa von der Notwendigkeit, die Fortbewegung zu überwachen, nicht gestört.

Am späten Nachmittag erreichten wir Pollensa – nach einer siebenstündigen Wanderung, während der wir nur einem halben Dutzend Leute begegneten waren. Am Rand der Stadt umringten uns in der Sonne spielende Kinder und folgten uns. Auf dem Weg zur Herberge stießen andere aus Türen und Seitenwegen dazu.

Bis wir im Zentrum Pollensas ankamen, hatten sich etwa zwanzig Kinder um uns gesammelt, die einen lärmenden Begleittrupp bildeten. Sie schrien schrill, lachten aus ihren glänzenden, braunen Augen und zogen sogar die Schafsfelle hoch, um zu sehen, welche Geheimnisse sich in Rojas Satteltaschen verbargen. Aber bald verloren sie das Interesse an uns und wandten sich langsam zu zweit oder dritt anderen, aufregenderen Dingen zu.

Es gibt diverse gute *Fondas* in Pollensa, das mit knapp zehntausend Einwohnern eines der größeren Städtchen der Insel ist. Pollensa war eine römische Gründung, aber nur wenige Relikte aus der Antike haben die Zeiten überdauert. Die Straßen sind eng und gewunden, die Häuser klein und weiß, die Bewohner arbeitsam und freundlich. In fast allen Türen und Fenstern sieht man Frauen bei ihrer Arbeit sitzen. Sie sticken, weben oder spinnen Garn aus grober, klebriger Schafswolle. Viele von ihnen singen während der Arbeit, und oft ist eine Straße geradezu erfüllt von ihren kräftigen, musikalischen Stimmen. Pollensa ist eine glückliche Stadt. Die freundliche Atmosphäre spürt man sofort, und je länger man verweilt, um so mehr gewöhnt man sich daran.

Unsere *Fonda* wählten wir auf Empfehlung Don Juans. Da er meinte, sie sei die beste der Stadt, schaute er zunächst bitter enttäuscht, als wir äußerten, wir könnten es vielleicht auch bei einer anderen probieren. Dann beharrte er noch stärker darauf, daß wir in dieser besonderen *Fonda* übernachten sollten.

"Aber wieso sollen wir in dieser und in keiner anderen übernachten?" wollte die Fee wissen. "Warum, *Señora*?" erwiderte er naiv und mit seinem ehrlichen Grinsen, "Wenn Sie nicht hier übernachten, dann verliere ich mit Sicherheit meine Kommission, die ich bekomme, wenn ich Sie dorthin lotse."

Solcher Ehrlichkeit kann man nun wirklich nicht widerstehen. Wir hatten uns schon gedacht, daß er seine guten Gründe für die Beharrlichkeit haben würde, und hätte er uns diese verschwiegen, wären wir wahrscheinlich in eine andere *Fonda* gegangen. Ohne Zweifel wußte Don Juan das und rechnete damit, daß sein ehrliches Geständnis die Wirkung auf uns haben würde, die sie tatsächlich hatte. Seine Offenheit war deshalb nicht weniger sympathisch.

Den Weg kannte Roja offenbar schon; sie wand sich durch die engen, lärmerfüllten Gassen, bis sie vor einer kleinen Tür an einem Brunnen auf der Seite eines Platzes ankam und sich nachdenklich umschaute. Dann scharrte sie ungeduldig auf dem Kopfsteinpflaster, während Don Juan mit lauter Stimme jemanden rief. Man hörte auf der Treppe Fußgetrappel, und aus der Tür kam ein junger Mann, der sehr fröhlich, aber auch sehr wild aussah.

Sein Kopf wirkte aufgrund der Fülle zotteliger Haare von undefinierbarer Farbe irgendwie oberlastig. Sein Gesicht war lang, dünn und blaß, und Rumpf und Glieder schlackerten tapsig wie die eines kleinen Hundes. In einer Hand hielt er eine Palette, von der frisch gemischte Ölfarbe in hellen Flecken auf den Boden kleckerte. Er kam uns entgegen, und als Geste der Begrüßung wedelte er mit der tropfenden Palette umher, so daß wir den Farbschauern nur durch einen Schritt rückwärts ausweichen konnten. Don Juan rettete uns. Mit einem Sprung landete er zwischen uns und dem jungen Mann und hob mahnend eine Hand. "Nein, nein, noch nicht!" rief er auf französisch. "Madame und Monsieur werden nicht gemalt – noch nicht – wenigstens nicht, bis sie den Staub von Ihrer Kleidung abgeschüttelt haben."

Der junge Mann antwortete auf deutsch, eine Sprache, die keiner von uns verstand, woraufhin er in schallendes Gelächter ausbrach und im schlechtesten Französisch, das wir je von jemandem, der kein Engländer war, gehört hatten, sagte: "Haben Sie keine Angst, ich wollte Sie noch nicht malen, nur willkommen heißen. Vielleicht werde ich Sie später malen."

Er schnappte sich unser Gepäck aus einer der Satteltaschen und rannte damit nach oben. Als er sich dann erinnerte, daß er uns vergessen hatte, trappelte er wieder nach unten, packte uns an den Armen und versuchte, uns nach oben zu geleiten. Dabei aber kam er zu der überraschenden Erkenntnis, daß drei Leute nebeneinander niemals zugleich eine Treppe hochsteigen können, wenn diese nicht einmal einen Meter breit ist. Als wir schließlich oben waren, befanden wir uns in einem großen, gefliesten Zimmer mit vielen Fenstern und Balkonen. Eine korpulente, einfühlsame Frau empfing uns. Als erstes entledigte sie sich des überdrehten jungen Mannes durch das folgende einfache Verfahren: Sie legte eine Hand auf seine Schulter, führte ihn zu einem Stuhl und schubste ihn kurzerhand auf die Sitzfläche.

"Ihr Sohn?" fragten wir.

"Nein, nein, um Himmels willen", lachte sie gutherzig. "Er ist ein Maler aus Österreich, und verrückt, total verrückt. Ich habe hier viele Maler gehabt, aber keinen, der so verrückt war wie er."

"Aber sie glaubt nicht, daß ich so verrückt bin, daß ich nicht malen kann", sagte der wilde junge Mann, "schauen sie sich die Wände an." Mit großer Geste zeigte er um sich. "Eines Tages werden sie viel Geld wert sein, und dann wird sie reich. Oder nicht, Mütterchen?"

"Ja, doch, eines Tages", sagte die Frau, und wechselte eilig das Thema.

An den Wänden hingen einige Bilder. Auf eine Kritik will ich verzichten, aber ich fürchte, die Wahrscheinlichkeit, daß "Mütterchen" davon reich wird, ist ungefähr so hoch wie die Chance eines Mannes fündig zu werden, der am Piccadilly Circus nach Gold gräbt. Nachher erfuhren wir von Don Juan, daß "Mütterchen", die Inhaberin der *Fonda*, die Bilder des wilden, jungen Mannes als Bezahlung für Kost und Logis annahm. Obwohl sie lediglich eine Bäuerin war, schien sie sich trotzdem keine falschen Vorstellungen über den Wert der Bilder zu machen.

"Sie bringt es nicht übers Herz, ihn wegzuschicken", sagte Don Juan nachher. "Seit einem Jahr ist er hier, und immer sucht er jemanden, den er malen kann, der das Genie in seinem Werk erkennt und ihn mit Geld überhäuft. Dann, meint er, wird man viele seiner Bilder, die an den Wänden hängen, kaufen, und die alte Frau würde ihre *Fonda* verkaufen und wie eine reiche Dame leben können. Aber sie ..., es macht ihr nichts aus. Sie liebt ihn und ist nicht arm."

Don Juan schüttelte traurig seinen Kopf und ging, um Roja mit dem Mittagsfutter zu versorgen. Die *Fonda* wurde dem Lob gerecht, das Don Juan ihr gespendet hatte: Wie alle mallorquinischen Gasthöfe war sie sauber und ordentlich. Das Essen war gut, und die Inhaberin eine großherzige, zufriedene Frau, immer behilflich und zu jeder Anstrengung bereit, um ihre Gäste zu verwöhnen. Im kleinen, weißen Speisesaal servierte sie uns ein opulentes Mahl, während der wilde, junge Mann sich an einem Tisch neben dem unserem lümmelte und ununterbrochen von seinem Genius erzählte. Als wir fertig waren, kam Don Juan, der in der Küche gegessen hatte, um seinen Lohn in Empfang zu nehmen und sich von uns zu verabschieden. So endete unsere Reise mit Roja in Pollensa. Mit ehrlichem Bedauern trennten wir uns insbesondere von diesem Maultier, deren fast menschliche Kameradschaft uns auf der Reise durch die Berge immer wieder beeindruckt hatte.

Don Juan und ich schüttelten die Hände, dann beugte er sich vor und küßte der Fee mit südländischer Galanterie die Hand. Als wir auseinandergingen, bat er uns, ihn unseren Freunden zu empfehlen, für den Fall, daß sie nach Mallorca reisen sollten. Im Interesse also all derjenigen, die seine Dienste in Anspruch nehmen möchten, gebe ich hiermit seine Adresse bekannt: Calle de St. Cristobal 25, Sóller. Wer ihn aber anheuert, sollte auch sichergehen, daß Roja mit von der Partie ist, denn es gibt kein besseres Maultier als sie auf ganz Mallorca.

Nachdem wir Roja ein Abschiedsbankett aus Zucker und süßen Törtchen gegönnt hatten, marschierten wir nach Puerto de Pollensa. Dieser kleine Hafen liegt mehrere Kilometer nördlich der Stadt am Ende einer langen, geraden Straße, die – zwischen weit voneinander entfernten Anhöhen – durch Ackerland und Weinterrassen läuft. Der Weg ist langweilig und uninteressant, außer abends nach Sonnenuntergang, wenn die Karren die Familien von der Arbeit auf den Feldern nach Pollensa zurückbringen. Oft sieht man sechs oder acht Personen auf einem einzigen Wagen, der von einem trabenden Pferd mit erstaunlicher Geschwindigkeit gezogen wird.

Auf beiden Seiten wechselt die Farbe der Berge von grau oder grün zu blau, und aus blau wird tiefviolett unter einem rosenroten Himmel, und die Karren preschen an uns vorbei, mitten ins Herz des Sonnenuntergangs.

Wir waren nicht lange unterwegs, als ein aus Pollensa kommendes Gefährt neben uns stoppte. Der einzige Insasse, ein braungebrannter junger Bauer, bot uns an, mitzufahren. Das heißt, er lächelte und sprach offensichtlich eine Einladung aus, obwohl wir sein Mallorquin nicht verstanden. Wir dankten ihm auf Französisch und Spanisch und kletterten auf den Karren.

Es ist keine einfache Sache, auf einem mallorquinischen Karren zu fahren. Als Sitz dient ein Brett, das an jedem

Ende an zwei Seilen hängt, so daß es kontinuierlich wie eine Schaukel schwingt, parallel zu jeder Bewegung des Gefährts. Auch der Boden bereitet gewisse Unannehmlichkeiten, denn normalerweise besteht er aus dicken Seilen, die wie die Maschen eines Fischernetzes geknotet sind. Hier aber sind die Maschen groß genug, um die Füße hindurchgleiten zu lassen und der Gefahr, mit den Beinen ganz durchzurutschen! Der Boden ist daher nur mit Vorsicht zu betreten. Bis man sich an ihn gewöhnt hat, bleibt man besser mit hochgezogenen Füßen auf der Schaukel sitzen. Ein Trost ist, daß – falls die Haltetaue des Sitzes reißen sollten – zwischen Passagier und Straße ein starkes Netz existiert, um ihn abzufangen.

Die Sprachschwierigkeiten verhinderten eine flüssige Unterhaltung mit dem jungen Bauern. Er begnügte sich mit gelegentlichen, schüchternen Blicken auf uns, und jedesmal schaute er hastig zur anderen Seite in Richtung des Gebirges. Als wir am Ende der langen Straße den Hafen erreichten, verabschiedeten wir uns. Wir drückten unseren Dank in der einen Sprache aus, während er in einer anderen meinte, es sei nicht der Rede wert.

Die Straße mündet auf die Mitte der Bucht von Pollensa. Plötzlich liegt der goldene Strand wie ein Halbmond da, und das ruhige, tiefblaue Meer erstreckt sich in einem weiten Bogen hin bis zu den violetten Bergen, welche die Ausläufer der Bucht bewachen. Weiße und gelbe winzige Häuser mit offenen blauen und grünen Fensterläden säumen ineinander verschachtelt die Ufer der Bucht. Hier ist ein Café, dort ist eine *Fonda* mit einer weißen, schattigen Terrasse. Unzählige Fischernetze liegen zum Trocknen auf dem Strand, und braungebrannte Fischer flicken beschädigte Maschen, während ein rotes Segel, wie die rostige Klinge einer Sichel, langsam dem offenen Meer zustrebt. Das ist Puerto de Pollensa, ein Fischerdorf, wo man so lebt, wie das Leben sein soll, ohne Eile, einfach und zufrieden.

Aber aufregende Ereignisse gibt es auch hier, wie uns gleich bei unserer Ankunft auffiel. Der ganze Hafen war erfüllt von einer besonderen Überschwenglichkeit, von Gesang, Gelächter und vielen Stimmen, die sich auf eine einzige Geschichte bezogen. Die Freude aller war offenkundig, und bald sahen wir die beiden Männer, um die es in dieser Geschichte ging.

Sie befanden sich inmitten einer riesigen Menge von Männern, Frauen und Kindern, die allesamt mit ihnen der Kirche zustrebten, wo sie Gott für ihre Rettung vor dem Tod danken wollten.

Wie uns ein Mädchen aus der *Fonda* berichtete, hatte vor nur einer Woche die gleiche Menschenmenge die Kirche aufgesucht, um das Unglück der beiden Männer zu beklagen. Sie waren zum Fischen aufs Meer gefahren, ein Sturm kam auf, und sie kehrten nicht wieder zurück. Teile ihres Bootes wurden an Land gespült, und alle Einwohner fürchteten das Schlimmste und trauerten, denn in einer mallorquinischen Kleinstadt ist der Tod kein privates, persönliches Leid, sondern das Leid aller. Sie gingen in die Kirchen, beteten für die Seelen der toten Männer, und die Familien hatten das Beileid des ganzen Dorfes.

Dann segelte eines Abends ein Fischerboot in die Bucht, und als es das flache Wasser erreichte, sprangen die beiden totgeglaubten Männer von Bord und wateten ans Ufer. Die Nachricht verbreitete sich wie ein Lauffeuer, und die Menschen bereiteten ihnen einen begeisterten Empfang.

Die Männer, so das Mädchen aus der *Fonda*, hatten eine Woche lang weit draußen im Meer auf einer kleinen Felsinsel ausgehalten und sich von Krustentieren und anderen Meeresfrüchten ernährt. Letztendlich gelang es ihnen, andere Fischer auf sich aufmerksam zu machen. Da sie robuste Männer waren, hatten sie nicht sonderlich unter den Entbehrungen gelitten, dennoch erschien ihre Rettung den

Menschen des Hafenstädtchens wie ein Wunder, und wie anders als mit Tanz, Gesang und Gebet wäre ein Wunder zu feiern?

Wir kamen dazu, als sich die Feierlichkeiten bereits ihrem Ende zuneigten, nichtsdestoweniger folgten wir der Menge. Die beiden Fischer schienen die Strapazen tatsächlich gut überstanden zu haben – sie hatten braune Gesichter, waren schlank und muskulös, und sie lachten und scherzten, als sie mit ihren Frauen, die ihnen an den Armen hingen, zur Kirche hinaufschritten. An der Tür erwartete sie ein rundlicher unrasierter Priester mit einem Lächeln. Das Lachen und das Schwatzens dauerte fort, bis die Menge sich anschickte, die Kirche zu betreten. Kaum daß die Frauen der Geretteten durch die Tür schritten, verwandelte sich das Lächeln in ihrem Gesicht in Ernsthaftigkeit, und nach fünf Minuten war nichts außer der dröhnenden Stimme des Priesters zu vernehmen.

In Pollensa und seinem Hafen verbrachten wir viele Tage. Der Friede, die Schönheit des Ortes und der Charme seiner Bewohner hielten uns fest, und gerne wären wir geblieben. Wir hätten ein Haus auf den Hängen am Rande des Hafens für umgerechnet ein Pfund pro Monat mieten können. Wenn man erst einmal eine Unterkunft besitzt, dann ist es leicht, für nur anderthalb Schilling pro Tag ein komfortables Leben führen, da man auf Mallorca wenig braucht und das Essen preiswert ist. Fisch etwa kostet fast nichts: Auf Wunsch werden einem Hummer und Krebse frei Haus geliefert. Die Segel der Fischerboote werfen fast Schatten auf die Fenster der Häuser am Ufer, so nah sind sie.

Entlang der felsigen Küste weiter außerhalb der Bucht blüht der Schmuggel, wie ich auf kuriose Weise herausfand. Als wir eines Tages in einem Café saßen (den Namen darf ich nicht preisgeben, da dieses Buch in die Hände von spanischen Zollbeamten gelangen könnte!), mußte ich feststellen, daß ich keine Zigaretten mehr hatte. Ich fragte den

Wirt, der schon ein engerer Bekannter geworden war, wo ich den nächsten Tabakladen fände.

Er sagte, es sei ein langer Weg bis dorthin, und fügte – nach kurzem Zögern – hinzu, er könne mir ein Päckchen geben, falls ich es wolle. Ich dankte ihm, und er brachte mir die Zigaretten in einer mir unbekannten Verpackung, obwohl ich diesem Umstand vorerst keine Beachtung schenkte.

Nun, zu unseren Bekannten in Pollensa gehörte ein gutaussehender junger Mann, ein *Guardia Civil*, dessen Aufgabe es war, im Rahmen seiner Möglichkeiten für Frieden und die Einhaltung der Gesetze zu sorgen. Abends trafen wir auf diesen jungen Mann und plauderten miteinander an einem Tisch und tranken Cognac zum Preis von drei Pence das Glas. Ich wollte eine Zigarette rauchen, zog das Päckchen aus meiner Tasche und bot es ihm zuerst an. Er schaute erst das Päckchen, dann mich an, winkte ab und blickte in eine andere Richtung. *"No, no, hombre"*, sagte er. "Legen Sie die weg. Lassen Sie mich die nicht in ihren Händen sehen." Überrascht wollte ich wissen, warum. Er antwortete knapp: *"Contrabando!"*

Ich fragte ihn, wieso er mich dann nicht verhafte. "Zigaretten habe ich nicht gesehen", sagte er, "nur ein Päckchen, und ich weiß nicht, was es beinhaltet."

Dies schien mir eine einfache Methode zu sein, um die unangenehme Pflicht zu umgehen, einen Bekannten verhaften zu müssen, und ich fragte mich, ob er mit Schmugglern genauso verfuhr, wenn er sie erwischte, wie sie durch die Stadt schlenderten mit einem Faß illegalen Tabaks unter dem Arm. Er sagte mir, in letzter Zeit hätte es sehr viel Schmuggel gegeben, denn die Leute ärgerten sich über den hohen Preis von Zigaretten, der auf das Tabakmonopol der spanischen Regierung zurückzuführen sei, und zögen es vor, geschmuggelten Tabak zu rauchen. Dieses Verhalten sei heute eher schelmenhaft. Denn der illegale Tabak

wäre früher einmal tatsächlich billiger als der Regierungs-
tabak gewesen, aber – wie es meistens mit Waren auf dem
Schwarzmarkt ist – bald sei der Preis gestiegen, um die
Schmuggler für die Risiken, denen sie ausgesetzt sind, zu
entschädigen.

Jetzt sei der geschmuggelte Tabak mit der Regierungsware
preislich gleich, aber das Volk kaufe immer noch lieber die
illegale Ware, da sogar gesetzestreue Insulaner wie die
Mallorquiner, so wie alle gesetzestreuen Menschen, diese
eigenartige Genugtuung spürten, wenn es ihnen gelänge,
der Autorität einen kleinen Strich durch die Rechnung zu
machen.

Wir wollten wissen, wie der Tabak geschmuggelt würde.
Unser Freund erklärte, Fischerboote brächten ihn vom spanischen Festland herüber. Der Tabak käme aus Andorra,

dem eigenartigen Königreich*) in den Pyrenäen. Und das, obwohl die Küsten im Umkreis der Häfen kilometerweit konstant überwacht würden, bis hinunter nach Miramar, wo Felsenhöhlen Verstecke für Schwarzmarktware böten.

Es gab einmal einen Fischer, der des öfteren ein Dutzend große Krebse als Teil seines Fangs mit nach Hause gebracht hatte. Daran war an sich nichts Außergewöhnliches, aber ein gewisser *Guardia Civil*, dessen Beruf es ja ist, solche Dinge festzustellen, bemerkte, daß die Krebse nicht nur immer sehr groß waren, sondern daß es sich immer auch um dieselbe Anzahl und immer um außergewöhnlich apathische Tiere handelte, die niemals ihre zahlreichen Beine für den von einer wohlwollenden Vorsehung geschaffenen Zweck benutzten.

Als der *Guardia* weiter forschte, stellte er fest, daß die Krebse seit langem tot waren und ihre Schalen daher kein weißes, frisches Fleisch enthielten, sondern schwarzen, guten Tabak. Beim krebsweisen Verkauf von Tabak läßt sich ein schönes Einkommen erzielen.

Fürs Schmuggeln drohen Gefängnisstrafen, aber ich denke nicht, daß allzu viele daran glauben mußten. Laut unserem Freund hatten sie seit fast zwei Jahren keinen Schmuggler mehr dingfest gemacht, und nach der Zufriedenheit in seiner Stimme zu urteilen, schien es, als ob er auch keinen Wert darauf legte, einen zu erwischen. Sogar für einen *Guardia Civil* wäre es wohl schmerzhaft, das ungetrübte Glück Pollensas zu stören.

Wo Schönheit und Ruhe Hand in Hand mit preiswerter Lebenshaltung zu finden sind, dort wird man auf Engländer stoßen. Im paradiesischen Pollensa entdeckten wir ungefähr zwanzig von ihnen in kleinen Häusern entlang der Küste. Sie waren von der Sorte, wie man sie immer wieder

---

*) Das Fürstentum Andorra lebt u.a. auch heute noch von der Tabakverarbeitung und dem Verkauf steuerfreier Waren.

in entlegenen Ecken des Paradieses trifft. Dort gab es den unvermeidlichen pensionierten Berufssoldaten sowie die alternden Jungfern, deren Leben in England wegen ihres begrenzten Einkommens schwer, aber im Ausland vergleichsweise luxuriös ist. Einsame, zurückgezogene Frauen sind sie, in ihrer Abgeschiedenheit zu bemitleiden, häufig um ihre scheinbare Überlegenheit gegenüber den Einheimischen bemüht und in ihren Seelen immer noch belastet von den Traditionen einer fernen Vergangenheit, als sie in Kensington, Bayswater oder Bath lebten. Da gab es eine ältere, kleine Frau, hager und welk, deren einzige Freude es war, immer wieder von der Wohnung zu erzählen, die sie einmal in London besessen hatte. In ihrer Erinnerung war es eine wunderbare Wohnung, die sie hatte aufgeben müssen wegen des "Bedienstetenproblems, wissen Sie." Bemitleidenswerte Selbsttäuschung! Sie zählte die Zimmer der Wohnung auf, beschrieb die Möbel und wie sie eingerichtet war und lobte deren Lage "wegen des Parks".

Da gab es auch den älteren Junggesellen, der den ganzen Tag auf einer sonnigen Terrasse mit der Lektüre der *Times* von letzter Woche verbrachte. Er liebte es, von den Londoner Clubs zu plaudern, er hatte für Clubnachrichten eine wahre Leidenschaft, die für ihn wie Manna in der Wüste waren. Wir erzählten ihm von einer Änderung oder Neuerung in einem berühmten Club, und das reichte, um ihn auf eine glückliche Reise in seiner Phantasie dorthin zu schicken, in die düsteren, kalten Ledersessel im tristen, spartanisch eingerichteten Raucherzimmer. Er lebte in einer sonnendurchfluteten, blaugoldenen Ecke des Paradieses, aber ich bin mir sicher, er träumte von Ledersesseln und jener muffigen Atmosphäre, wo nur das diskrete Rascheln mit der *Times* die Stille unterbricht. Die magere Auskunft, die wir ihm zu diesem Thema geben konnten, erfreute ihn so sehr, daß wir unser Gedächtnis noch mehr bemühten. Es war schön, einen Funken Enthusiasmus in seinen Augen zu entzünden und zu wissen, daß wir ihn in eine glücklichere, vielleicht anstrengendere, aber sicherlich wohlhabendere Zeit zurückversetzten.

Das Leben dieser durch Armut und Stolz aus der Heimat vertriebenen Engländer beinhaltet unendlich viel Pathos. Jeder von ihnen hält fest an seinen Erinnerungen, die ihm lieb und teuer sind, und die eine trübe Glückseligkeit mit sich bringen. Sei es der Gedanke an ein früheres Haus, an den Club oder den Freundeskreis, der durch den Tod und durch die Jahre auseinandergegangen ist, oder sei es nichts mehr als die Erinnerung an ein einziges, triviales Ereignis, vielleicht an ein Treffen mit irgendeinem Adligen. Wie auch immer, man muß es respektieren, solange es etwas Trost in ein einsames Leben bringt.

In der Stadt Pollensa bekam die Fee ihre zweite Unterrichtsstunde im Spinnen, wobei diesmal Garn aus grober Schafswolle gesponnen wurde. Als wir eines Tages entlang einer der sonnigen Straßen der Stadt spazierten, sahen wir in einem runden Türbogen eine alte, runzelige Frau, die auf einem Hocker saß. Sie machte schnelle Bewegungen mit ihren Händen, die ein merkwürdiges Instrument hielten, das einer großen Ahle ähnelte. Es war ein Nagel aus Eisen, zwanzig Zentimeter lang, mit einem kleinen Haken am einen Ende und einem Holzgriff am anderen. Wir verharrten, um zuzuschauen, aber sie bat uns einzutreten und zeigte uns, wie sie das Instrument führte.

Sie arbeitet nach dem gleichen Prinzip wie die "menschliche Spinne" (⇨ Seite 50): Erst legt sie ein Bündel der schmuddeligen, gelben Wolle, an der noch das Fett des vorherigen Besitzers klebt, in ihren Schoß. Dann nimmt sie die Ahle, befestigt ein bißchen Wolle vom schmuddeligen Bündel am Haken, und mit einer geschickten Drehung wirft sie die Ahle fort, als ob sie nichts mehr damit zu tun haben wollte. Das Werkzeug wirbelt mehr als einen Meter weit hinunter zum Boden, und in seiner glänzenden Bahn zieht es viele Wollfasern mit sich, die durch das Wirbeln ineinander gedreht werden, woraus ein Meter gutes, starkes Garn wird. Ständig wiederholt sich der Vorgang: einhaken, fortwerfen, wirbeln. Nach einer halben Stunde hat die alte Frau ein ordentliches Bündel Garn fabriziert.

Da sitzt sie seit Jahren beim Einhaken und Fortwerfen, ihr sind die Finger durch die dauernde Tätigkeit lang und knochig geworden. Sie passen nicht zum Rest ihres langsamen Körpers, der unter der Last des hohen Alters gebogen und schwach ist, aber die flinken Finger und Hände bewegen sich blitzschnell wie Eidechsen und mit der Kraft der Jugend. Es ist fast, als ob die ganze Energie, welche noch in ihr steckt, sich in den Fingern konzentrierte, als ob sie eine Leiche mit lebenden Händen wäre.

Sie murmelte mit ihrer hohen Stimme einige merkwürdige Wörter im Dialekt und bot der Fee die Ahle mitsamt Wolle an. Dies deuteten wir als eine Aufforderung zum Spinnen, die Fee setzte sich, hakte sorgfältig ein, drehte und warf.

Zehn Tage danach spürte ich noch den blauen Fleck am Bein. Die Ahle hatte die Wollfaser natürlich zerrissen und setzte ihren Flug alleine fort, ohne den wolligen Schweif. Der zweite Versuch gelang schon eher: Das Werkzeug zerriß auch diesmal die Wollfaser, aber es wurden immerhin keine Beine verletzt, und ich fand, das zeigte einen erheblichen Fortschritt, obwohl vielleicht weniger in ihrer Kunst des Spinnens als vielmehr in meiner Kunst des Ausweichens.

Mittlerweile hatten sich einige Nachbarn in einem kleinen Kreis um die Tür gesammelt und schauten dem Unternehmen mit gespanntem Interesse zu. Sie hielten sich nicht mit Rat zurück, aber die vielen Vorschläge waren allesamt nutzlos, da man diese Art der Kunst nicht durch Ratschläge lernen kann. Der Erfolg hängt von der Drehung und von der Kraft des Wurfes ab. Die Ziehkraft der Ahle muß exakt bemessen sein: keinen Tick zuviel, sonst zerrt sich das Werkzeug von den feinen Wollfasern weg, aber auch keinen Tick zuwenig, sonst wird die Wolle nicht mitgezogen.

Zwanzig Mal hatte die Fee geworfen, bis sie es letztendlich einmal schaffte. Dieser Volltreffer – als die Ahle mit ihrer Wollschleife davonflog – ließ dem Publikum an der Tür ein "Aahhhhh" entweichen. Es blieb aber bei diesem einen Erfolg, denn alle nachfolgenden Versuche scheiterten.

Als wir gehen wollten, holte die alte Frau ein verrostetes Werkzeug aus einer Kiste und gab es uns, zusammen mit einer Wolke klebriger Wolle. Mir kam es vor, als ob sie die Gelegenheit nutzen wollte, einen kleinen Handel abzuschließen, da sie mit zwei hochgehaltenen Fingern andeutete, das würde zwanzig Céntimos kosten. Statt dessen gab ich ihr eine glänzend silbrige Peseta-Münze, um auch die Gebühr für den Unterricht abzudecken, die in einer hohen Stimmlage mit Dank angenommen wurde.

Jetzt aber entbrannte die Fee mit einem Enthusiasmus fürs Spinnen. Sie hatte nichts anderes mehr im Sinn, als zurück zur Fonda zu eilen, um dort den Abend dem Spinnen zu widmen. Sie stellte sich auf die eine Seite des großen, gefliesten Aufenthaltsraumes, und ich suchte mir vorsichtshalber einen Platz hinter ihr. Sie begann zu spinnen. Allmählich trafen die ersten Leute zum Abendessen ein, und innerhalb von zehn Minuten hatten wir eine neue Zuschauerschar. Schon bald lagen Fetzen und Fussel der wolkigen Wolle als Überbleibsel von vielen gescheiterten Wurfversuchen im ganzen Raum verstreut. Die Dienerin, die ihr ganzes bisheriges Leben in Pollensa verbracht hatte, ohne dabei die Fähigkeit des Spinnens zu benötigen, wollte es jetzt auch lernen. Aber ihre Versuche führten nur dazu, die Anzahl der wolligen Fussel und Fetzen, die durch den Luftzug im Zimmer herumrollten, zu vergrößern. Jeden Wurf begleitete sie mit einem enttäuschten "Ach!" Ein junger Deutscher stand dabei und schaute mit neugierigen Blicken zu, und nach einer Weile versuchte er es auch. Gründlich, mit vorsichtiger Abschätzung der Drehung und des Wurfes, bis es ihm gelang. Dann trat der wilde, junge Künstler ein. "Ah, ich muß das auch lernen, ich muß diese Kunst lernen!" rief er.

Da meldete sich die Wirtin zu Wort. "Das darfst du", sagte sie, "aber nicht in diesem Haus. Ich kenne Dich, und Fensterscheiben in Pollensa kosten Geld. Schau mal, junger Freund, draußen gibt es einen großen, leeren Platz, wo du diese Kunst trainieren kannst!"

Der wilde, junge Mann lachte laut auf, schlug ihr auf den Rücken und ließ Arme und Beine und Haare in alle Richtungen fliegen, als er in einen Sessel plumpste.

Die Spinnübungen wurden durch die Ankündigung des Abendessens beendet. Noch einmal Lammkoteletts, Hummer, Obst und Wein. Nachher rauchten wir eine Zigarette mit dem jungen Deutschen, der uns erzählte, er sei Handelsreisender für Spielzeug.

Wir fragten, ob Mallorca dafür ein gutes Pflaster wäre. "Gut?" sagte er, "Hoffnungslos! Einer meiner Firmendirektoren war auf einer Vergnügungsreise hier, kehrte zurück und meinte, auf der Insel gäbe es keine Spielsachen. Hier sei ein großartiger Markt für deutsches Spielzeug. Spielzeug! Was nützen Spielsachen diesen Menschen hier, die nichts tun als arbeiten, arbeiten, arbeiten? Sie spielen überhaupt nicht. Sie arbeiten und singen, arbeiten und singen, lachen und arbeiten und singen. In Palma, nun ja, von dort bekomme ich ein paar Bestellungen, aber nirgendwo anders kann ich die Leute dazu bringen, zu begreifen, wie wichtig Spielsachen sind."

"Ich gehe unter die Leute, um herauszufinden, was sie interessieren könnte. Ich zeige zum Beispiel einer Bauersfrau ein kleines Spielzeug: einige Hühner aus Holz, die an ihrem Futter picken, wenn man eine Kugel an einem Faden unter ihnen schwingen läßt. Und was macht sie? Sie zuckt mit den Schultern, zieht die Augenbrauen hoch und sagt: 'Mein Mann, der züchtet auch Hühner.' Mein Gott! Was kann man mit solchen Menschen anfangen?" So wenig Verständnis ärgerte ihn maßlos.

Das Unterfangen, Spielsachen an die Mallorquiner zu verkaufen, kam mir etwas unüberlegt vor. Wie die meisten Menschen, die ihren Lebensunterhalt der Erde und dem Meer abgewinnen, haben sie wenig Zeit oder Neigung zum Spielen. Kein einziges Mal auf Mallorca sahen wir Leute zum Spielen versammelt. Die Kinder hören damit schon in jungen Jahren auf. Ich habe zwölfjährige Mädchen gesehen, die schon das Essen für ihre Familien kochten, und wir haben bereits die kleinen Söhne der menschlichen Spinne erwähnt, die fast als Säuglinge mit dem Erlernen der Spinnfertigkeit beginnen. Dies sagte ich dem jungen Deutschen, aber es konnte ihn über die nutzlose Reise hierher nicht hinwegtrösten, und bald ging er bedrückt zu Bett.

Wir verbrachten längere Zeit in Pollensa und erforschten die blauen Berge in der Umgebung dieser friedlichen Stadt und ihren Hafen. Wir stiegen auf die gefährliche Spitze des *Castell del Rey* am Rand einer Klippe, von der man nicht hinunterschauen kann ohne zurückzuschrecken. Und wir schwammen in eiskalten Teichen, den Abkömmlingen der wilden Bergbäche, doch jetzt ist es Zeit weiterzuziehen. Vorher aber müssen wir nach Palma zurück, um eine geschäftliche Kleinigkeit zu erledigen, und dann fahren wir mit dem Zug nach Artá, zu den riesigen, von der Natur geschaffenen Höhlen und den von Menschenhand erbauten steinzeitlichen Siedlungen.

Am Burgfelsen des Castell del Rey bei Pollensa

DAS LIED DER EISENBAHN

Wir beginnen mit der Spitze des Zuges, der Lokomotive, die eine gewaltige Verbesserung gegenüber der *Rakete* von Stephenson*) darstellt. Sie wurde vor Jahrzehnten in den Midlands von England hergestellt und erreicht eine Durchschnittsgeschwindigkeit von 18 Meilen in der Stunde. Die Lokomotive ist klein und besitzt einem hohen Schornstein, an ihren Seiten trägt sie wichtige Tankbehälter zur Schau. Sie pafft und dampft und präsentiert diese Behälter wie ein pummeliger kleiner Bantam-Hahn, der seine Federn aufplustert, um sich bei den Hennen wichtig zu tun. Die mallorquinische Lokomotive vermittelt den Eindruck, sie möchte ihren Passagieren und den Spielzeugwaggons, die ihr wie demütige und dankbare, von ihr abhängige Familienmitglieder hinterherlaufen, imponieren. Ihre Haltung sagt: Schaut mich bei meinen Vorbereitungen an, denn ohne mich seid ihr verloren, seid ihr machtlos. Diese armseligen, hilflosen Waggons sind ohne mich nutzlos, und können nicht einmal ihre Räder drehen. Ich werde mich aber dazu herablassen, Mitleid mit ihnen zu haben und sie ziehen.

All das und mehr sagte die kleine Lokomotive, die auf uns wartete, um uns nach Artá zu bringen, als wir den kleinen Bahnhof zu Palma durch die Blumen und Palmen des Bahnhofsplatzes erreichten. Es war Sonnabend, ein sehr geschäftiger Tag für die Bahn. Horden von Bauern kamen aus den entferntesten Ecken der Insel nach Palma. Sie kämpften ihren Weg durch die Stadt, redeten sich auf dem Marktplatz in Rage, inspizierten die Läden, gaben einige ihrer hartverdienten Peseten aus, und viele von ihnen bereiten sich jetzt, am frühen Nachmittag, auf die Heimreise vor.

---

*) George Stephenson (1781-1848) baute als erster eine für den Personentransport geeignete Dampflokomotive und eröffnete 1825 zwischen Stockton und Darlington eine Eisenbahnlinie. Die *Rocket* erreichte eine Höchstgeschwindigkeit von 24 km/h.

157

Es ist ein Ereignis. Alle sind aufgeregt, und niemand ist dabei, der eine Bahnreise als eine normale Alltagserfahrung betrachtet. Ein verwirrendes Getöse von heiseren Stimmen erstickt die Wichtigtuerei der kleinen Lok, die dann ihre herausragende Stellung in der Gesellschaft nur durch kräftigeres Zischen und Paffen unterstreichen kann.

Die Gesichter der Frauen in ihren Tüchern leuchten vor Reisefieber, als sie ihre Einkäufe in die Waggons hineinschieben, sie eilen fort, hasten zurück, steigen zuerst in den falschen Waggon, danach sogar in einen der ersten Klasse, springen wieder heraus, suchen eifrig nach ihren Einkäufen und nehmen sie mit sich in einen anderen Waggon, wo sie schließlich ihre Nachbarn und Freunde gefunden haben.

Der Bahnhof ist ein Durcheinander einer unternehmungslustigen Menschenmenge. Nußverkäufer schieben sich durch die Meute und verkaufen ihre Erd-, Wal- und Paranüsse für dreißig und vierzig Céntimos. Nüsse sind die nationale Verpflegung für Eisenbahnreisen schlechthin. Jeder kauft sie, wir kaufen auch welche, ein Verkäufer öffnet meine Tasche und schüttet Nüsse hinein. Eine warme, nasse, weiche Kugel wird mir in den Nacken gedrückt, und in meinem Ohr tönt ein hohes, bettelndes Meckern. Daraufhin entschuldigt sich der lachende, braune Riese hinter mir, der dann mit einem Lämmchen unter jedem Arm an uns vorbeistolziert.

Eine Frau hält eine schwarze Henne unter ihrem Schal gefangen. Den Kopf sieht man in Höhe der Brust der Frau, der Schnabel bewegt sich im heiseren, hoffnungslosen Protest, und die Augen des Huhns drücken überraschte Empörung über die Unverschämtheiten aus, die man ihr zumutet.

Einem Mann baumeln zwei Bündel getrockneter Fische um die Schultern. Eins dieser Bündel schlägt dabei gegen das Ohr eines anderen Mannes, aber niemand regt sich auf, keiner ärgert sich, alle lachen nur.

Eine schrille Warnung von der lächerlichen, kleinen Lok. Ein letztes Gerangel der Menschenmenge. Türen knallen zu und gehen lässig wieder auf, als der Zug zu schaukeln beginnt und sich langsam aus dem Bahnhof herausmüht. Wir haben das große Abenteuer angetreten: eine Reise von siebzig Kilometern!

Ein mallorquinischer Eisenbahnwaggon ist ein Zweckobjekt und nicht als Luxusgefährt gedacht. Wir fahren zweiter Klasse, denn es gibt keine dritte. Ein Waggon ist durch Trennwände in Bauchhöhe in Abteile unterteilt, die Sitze bestehen aus schmalen Brettern, die nur fünfundvierzig Zentimeter breit sind. Zurücklehnen können wir uns nicht, denn die Trennwände sind so konstruiert, daß sie gegen die Schultern drücken und den Körper nach vorne schieben. Die Abteile der ersten Klasse besitzen zwar hellrote Polster, aber bequem sind sie ebensowenig.

An der Wand im Waggon hängt nur ein einziges Schild. Es bittet uns nicht etwa, auf unangebrachte oder gefährliche Gewohnheiten zu verzichten, das übliche Thema der Belehrungen durch Eisenbahngesellschaften, nein, wir werden lediglich gebeten, von jedweder Blasphemie abzusehen. Reisende, die sich in den Waggons dieser Eisenbahngesellschaft blasphemischer Äußerungen schuldig machen (sagt das Schild), werden mit einer Straße zwischen fünf und fünfzig Peseten belegt oder (so das Schild weiter) müssen im Falle der Zahlungsunfähigkeit den Rest des Tages im Gefängnis verbringen! Wie das Bußgeld gestaffelt ist, weiß ich nicht, obwohl anzunehmen ist, daß die Summe von der Schwere der Blasphemie abhängt: Ein einfaches "Herrgottnochmal!" wird ohne Zweifel kaum mehr als fünf Peseten kosten. Fluchen und Blasphemie gewinnen indessen enorm durch den Umstand, daß sie mit einem Preis versehen sind. Die Genugtuung ist naturgemäß größer, wenn man weiß, daß laute Gefühlsausbrüche zugleich einen Gesetzesverstoß darstellen.

Die Fenster des Waggons klappern kräftig, die Räder knirschen und holpern, und kleine Stückchen Kohle von der Lok, die sich sogar jetzt noch in Erinnerung bringen muß, fliegen durch die Fenster herein und stechen uns im Gesicht, aber niemand zeigt sich beeindruckt, alle sind glücklich, gesprächig und freundlich.

Wenn der Zug eine Geschwindigkeit von 14 Meilen in der Stunde erreicht, springen die Waggons bei jeder Unebenheit der Gleiseauf und ab. Die Räder der mallorquinischen Züge haben einen eigenartigen Rhythmus: ein bedächtiges und klar definiertes *eins-zwo-drei-vier*, als ob sie quadratisch und nicht rund wären. Jede Eisenbahn besitzt ihr eigenes Lied der Räder, aber ich habe nie ein so regelmäßiges wie das mallorquinische gehört. Wer dem Rhythmus eines französischen Zuges lauscht, merkt, daß er *eins-zwo*, *eins-zwo-drei*, *eins-zwo*, *eins-zwo-drei* rattert mit einem gelegentlichen Ausrutscher in *eins-zwo-drei-eins-zwo-drei*, dann zurück zum *eins-zwo*, *eins-zwo-drei*. Auf dem spanischen Festland ist der Rhythmus der Züge *eins*, *zwo-drei-vier*, *eins*, *zwo-drei-vier*, wobei *eins* vom Rest getrennt wird und *zwo-drei-vier* in einem atemlosen Rutsch erfolgt. Er hat weniger Variationen als das Lied des französischen Zuges, der wiederum einen Gedanken des Reisenden aufschnappt, ihn in Wörter übersetzt und diese dem Urheber mit einer gnadenlosen Beharrlichkeit wiederholt, bis er fast um seinen Verstand gebracht wird.

Die größere Variation des Rhythmus` erlaubt den Rädern einen besseren Wortschatz und eine genauere Wiedergabe der Gedanken. Falls der Reisende in einer Gefühlskrise steckt, hat der französische Rhythmus sein Geheimnis innerhalb von zwei Kilometern herausgefunden, und bis zum Ende der Reise verhöhnt er ihn durch die ständige Wiederholung seines Hauptgedankens. Sei es die Sorge um die Krankheit eines Freundes, sei es eine geschäftliche Angelegenheit oder eine Liebesaffäre, die Räder setzen die

Ängste in ihren Rhythmus um und foltern den bekümmerten Reisenden mit lächerlichen Floskeln, auf die er selbst niemals gekommen wäre. Ein Bekannter mit stürmischem Temperament fuhr einmal in einer dringenden Herzensangelegenheit quer durch Frankreich und litt die ganze lange, schlaflose Nacht hindurch unter den absurden und melodramatischen Wörtern: *Ich-verlor, sie-ich-verlor; ich-verlor, sie-ich-verlor*, womit der Sinn seiner Reise auch klar sein dürfte.

Die mallorquinischen Züge aber lassen den Reisenden mit solchen Gemeinheiten in Ruhe. Der Rhythmus der Räder ist so phlegmatisch, so zweckmäßig und gradlinig, so einfallslos, daß keine Wörter dazu passen können. Da er uns also die Gedanken nicht wider Willen in Wörter umsetzen kann, um diese dann mit Gewalt gegen den Reisenden zu verwenden, läßt er uns in Ruhe reisen und mit den eigenen Gedanken ungestört beschäftigen, ohne den brutalen Spott des französischen Zuges.

Eine mallorquinische Eisenbahnfahrt bietet viele Gelegenheiten, sich ablenken zu lassen. Die erste kam bald, nachdem wir den Bahnhof hinter uns gelassen hatten. Ein dunkler, unrasierter Kerl mit einer langen, dünnen Zigarre zwischen den Lippen erschreckte uns durch sein plötzliches Auftauchen, als er seinen Kopf durchs offene Fenster schob. *"Buenas ..., Boletas ..., Boletas ..., gracias, gracias, Señor."* Mit einem freundlichen Grinsen steckt er seinen Arm durchs Fenster und knipst mit dem Kartenlocher. Fahrkarten werden durchs Abteil gereicht, er wirft einen Blick darauf, locht sie und behält diejenigen der Passagiere, die an der nächsten Station aussteigen werden. Er hangelt sich auf dem Trittbrett entlang, locker und gefährlich an den Handgriffen hängend, mit Wind in den Haaren und eine Spur beißenden Rauches seiner Zigarre hinter sich lassend.

Das Trittbrett aber steht nicht nur ihm alleine zur Verfügung, sondern jedem Passagier, der die Tür seines Abteils

öffnen und sich von einem Ende des Zuges zum anderen
schwingen möchte, falls es ihn nach frischer Luft oder
einer Unterhaltung mit einem Freund in einem anderen
Waggon gelüstet. Als wir nach einer Weile dorthin schauten, wo sich der Schaffner vorher befunden hatte, sahen
wir ein halbes Dutzend Männer auf dem Trittbrett stehen,
die sich – den Kopf durchs Fenster gesteckt – lebhaft mit
Bekannten unterhielten, während der Zug seinen Weg über
die Insel bummelte. Der Schaffner ist äußerst wendig: Er
treibt die Trittbrettunterhalter nicht etwa in ihre Abteile
zurück, damit er besser an ihnen vorbeikommt, sondern
macht einen gewagten Schlenker um sie herum und geht
weiter, ohne die Unterhaltung gestört zu haben.

Die Gleise winden sich durch die Täler, um die blauen
Berge herum, denn Tunnel sind teure und schwierige Bau-
objekte. Warum sollte man den teueren Weg durch etwas

nehmen, wenn man den Weg drum herum so billig haben kann? So haben die Eisenbahnbauer sicherlich argumentiert, da sie bewußt alles vermieden, was annähernd einem Hügel ähnelt. Sie bauten kostenbewußt, wohl wissend, daß eine Eisenbahn auf dieser überwiegend von Bauern bewohnten Insel keine großen Gewinne erbringen könnte; überall kann man erkennen, wie sorgfältig sie das Unnötige strichen.

Die Bahnübergänge sind Meisterwerke der Wirtschaftlichkeit. An der Strecke entlang gibt es viele davon, jeder mit einer kleinen, weißen Kate als Behausung für die runzelige alte Frau, welche die Aufsicht führt. Wenn der Zug sich dem Übergang nähert, sieht man, wie sie mit einer kleinen Fahne in der Hand herauseilt. Ihre Aufgabe bedarf wenig Kraft, da sie keinen Hebel oder schweren Holzrahmen bewegen muß. Sie nimmt ein Seil, das an einem Pfahl befestigt ist, überquert die Straße und macht es an einem anderen Pfahl fest! Das ist ihre Schranke, und sie hat sie jetzt geschlossen.

Wenn der Zug durch ist, rollt sie das Seil wieder ein und gibt den Übergang frei. Andernorts zieren manchmal einige Fetzen aus buntem Stoff oder Papier die "Schranke" wie eine Vogelscheuche in einem Garten. Die Befürchtung ist wohl, daß man sonst das schlichte, farblose Tau übersehen könnte. Und die alte Frau ist eisern in der Ausübung ihres wichtigen Rituals: Auch wenn sich kein Mann, keine Frau und kein Schaf in einem Umkreis von zehn Kilometern befinden, sperrt sie die Straße mit einem Stück Tau.

Der Zug hält in Inca, und nachdem das Knirschen der Räder geendet hat, hören wir laute Stimmen im nächsten Waggon. Die eine Stimme gehört einer Frau, und es kommen Einwände und Einlenkungen von einem Mann. Dann verläßt der Mann mit den zwei Bündeln Trockenfisch den Waggon. Sein Erscheinungsbild ist eines der feinsten der Insel: Groß, schlank und kräftig, seine Augen strahlen vor

Vitalität, ein ebensolches Lächeln, die Gesichtszüge ausdrucksvoll und vom Bestem des antiken Roms geprägt. Er steckt seinen Kopf durch unser Fenster und spricht seinen Dialekt in einer heiseren, schnellen Stimme, die Worte unterbrochen durch sein Lachen. Die anderen Reisenden lachen auch und schauen uns erwartungsvoll an, und einer fragt uns auf Spanisch, ob es uns stören würde, mit dem Fisch zu reisen.

Wir beide schnuppern gleichzeitig. Nein, wir hätten nichts dagegen. Warum denn auch? Der Fisch ist gut.

"Er ist gut, ja", sagt er. "Aber im nächsten Waggon gibt es ein wenig Ärger mit einer Frau. Sie kommt aus Alcudia, wo ihr Mann Fischer war. Er ist ertrunken, und jetzt kann sie Fisch nicht mehr ausstehen. Sie ißt keinen Fisch, schaut keinen Fisch an und reist mit keinem Fisch. Wie schade, so viel Fisch auf Mallorca, der so billig zu haben ist!"

Da wir nichts dagegen haben, wird der Fisch unter eine Sitzbank geworfen. Der Fisch ist so trocken, daß man sich vorstellen könnte, daß er einen ganzen Eimer voll Wasser aufsaugt. Wie uraltes Pergament sieht er aus, krümelig und staubig, und im Staub unter der Sitzbank liegt er nun.

Wir alle beginnen, Nüsse zu essen; und innerhalb von zehn Minuten ist der Boden des Waggons einen Zentimeter hoch mit Schalen bedeckt, die wie Laub im Herbst mit jeder Fußbewegung rascheln. Wir sind zu acht im Abteil; von der Fee und der Frau mit der Henne abgesehen alles Männer. Die Frau hat den Vogel unter ihrem Schal hervorgeholt und hält ihn in ihrem Schoß, wo er langsam vor sich hin döst und ab und zu einen schrillen überraschten Protest von sich gibt.

Einer der Männer, ein brauner Typ mit einem grimmigen Gesichtsausdruck, der aber beim Lächeln förmlich strahlt, meint, die Henne sei dabei, ein Ei zu legen. Die Frau erwidert, von ihr aus könne es mit dem Legen nicht früh genug losgehen. Sie hebt die Henne hoch und schaut in den Schoß, aber da ist kein Ei. Alle lachen.

So verstreicht die Zeit mit Reden und Nüsseknabern, bis wir Manacor erreichen. Hier erscheint wieder der Besitzer des Trockenfisches. Er hat jetzt eine Tüte bunter Süßigkeiten dabei, die er verteilt, offenbar, um sich bei uns dafür zu bedanken, daß wir auf seinen Fisch aufgepaßt haben.

An jeder Haltestelle wird ein Wagen abgekuppelt, so daß für die letzte Etappe nach Artá lediglich noch zwei kleine Waggons bleiben, die mit einer plappernden, lachenden und gestikulierenden Menschenmenge vollgestopft sind. Nachdem wir Manacor verlassen haben, zeigt die Fee eine Landkarte herum, die auf ein echtes tiefes Interesse stößt. Wir breiten sie auf unseren Knien aus, und die Mitreisenden schauen zusammen mit uns auf die Karte wie Kinder, die sich mit Eifer auf ein Bilderbuch konzentrieren. Einer von ihnen, ein alter Mann mit dickem, schwarzem Haar, hat noch nie eine Landkarte seiner Insel gesehen. Er ist von ihrer Größe überrascht, auch von der Anzahl der Dörfer und Städtchen, denn die Karte hat einen großen Maßstab, der jeden Weiler und Bauernhof zeigt. Dann lehnt er sich zurück und denkt mit einem kleinen, glücklichen Lächeln nach: Ich glaube, er ist ein wenig stolz darauf, daß Mallorca so groß ist und so wichtig aussieht und in Farbe glänzt.

Der Zug verbringt eine Viertelstunde mit Drehungen und Wendungen durch ein Labyrinth, das durch hier enger zusammengerückte Berge führt. Die Lok heult, die Henne gackert, die Bauern sammeln ihre Sachen ein, und unser römischer Freund schwingt sich auf dem Fußbrett entlang und verlangt sein Bündel Trockenfische. Endlich in Artá!*)

---

*) Die Bahnlinie über Inca, Sineu und Manacor nach Artá existierte gegenwärtig nicht mehr, obwohl die Trasse noch liegt und seit Jahren über ihre Wiederinbetriebnahme diskutiert wird. Zwei voneinander unabhängige Linien verbinden heute noch Palma mit Sóller und Inca.

ERKUNDUNGEN

Es sind immer zwei Männer, die Inhaber der *Fondas*, die den ausländischen Touristen bei seiner Ankunft in Artá empfangen. Der eine ist groß, dick und sehr aufdringlich; der andere ist dünn, leiser und scheint sich im voraus entschuldigen zu wollen. Obwohl der forschere Bursche durch seine Entschlossenheit, Kunden zu gewinnen, die Aufmerksamkeit des Besuchers zuerst auf sich lenkt, ist es der ruhige, ältere Mann, der mit seiner sanften Art und der zurückhaltenden Frage in seinen Augen anziehend wirkt.

Der größere von beiden versuchte, seinen Besitzanspruch auf uns laut geltend zu machen, indem er mit Schwung eine Visitenkarte hervorzog, welche die Vorteile seines

Hauses pries: *"Fonda, Fonda, die beste in ganz Artá!"*
Auch der ruhige, kleine Mann trabte auf uns zu. Er verhielt
sich wie ein Hund, der sich bemerkbar machen möchte,
aber nicht weiß, wie willkommen er ist: *"Antigua Fonda,
muy antigua"*. Das mit dem *antigua* war sein Volltreffer.
Es steht auf der Karte, die er zögerlich hinhält, in der Hoffnung, wir würden seine Behauptung überprüfen. *Antigua!*
Er weiß, aus Gründen, die dem großen Mann unverständ-
lich wären, daß Ausländer immer ein altes Haus einem
neuen vorziehen, und dieses Wissen setzt er wirkungsvoll
ein. Das Wort *antigua* betrachtet er als seinen Talisman,
ein Zauberwort, dem kein Ausländer widerstehen kann,
aber es ist nicht die einzige Attraktion, die den Reisenden
wie ein Magnet in sein Haus bringt. Noch stärker zieht uns
sein Verhalten an: Seine sanfte, antiquierte Höflichkeit verleiht der leisen Behauptung *antigua* Glaubwürdigkeit.
Wie instinktiv kehren wir dem großen, besitzergreifenden
Mann den Rücken und nehmen die Einladung des anderen
an. Dieser kommt an unsere Seite, während sein Rivale seinen Unmut darüber laut äußert, und dabei sowohl seinen
Ärger als auch die Beschränktheit seiner Seele offenbart. Es
stellte sich später heraus, daß der kleine Mann das Feld fast
immer als Sieger verläßt. Ein weit verbreiteter Irrtum setzt
die Eigenschaften, die unter dem gewöhnlichen, aber ausdrucksvollen Begriff Durchsetzungsvermögen erscheinen,
wie der große und besitzergreifende Mann sie verkörpert,
mit Erfolg gleich. Dieser Gastwirt hat Durchsetzungsvermögen genug, um den *Puig Mayor* zu bewegen, aber ihm
fehlt die eine Eigenschaft, die das Durchsetzungsvermögen
von einem wirkungslosen Kraftaufwand in eine Macht verwandelt: Ihm fehlt die Persönlichkeit. Man hört ihn und
sieht ihn, aber das ist alles, während der kleine Mann
kaum zu sehen oder zu hören, aber seine Präsenz spürbar
ist, auch wenn seine Persönlichkeit nur der eines freundlichen Hundes gleicht.

167

Der "Freundliche Hund" also nahm unsere vollbepackte Regenschirmhülle und führte uns aus dem Bahnhof durch die kleine Stadt, die weiß schimmernd am Hang eines Hügels liegt, auf dessen Spitze eine unglaublich häßliche Kirche ihren plumpen Turm emporstreckt. Noch bevor wir weit gekommen waren, sahen wir uns vom größten Kinderkreis umzingelt, der uns bisher auf der Insel begegnet war. Die Kinder bestaunten uns und drängten sich um uns. Bald wurde der schrille Chor ihrer Stimmen lästig. Da hielt der Freundliche Hund inne und sprach sie im Dialekt mit einem kleinen, tadelnden Lächeln an. Er hielt einen sanften Vortrag über die Ethik des Empfangs von Besuchern und schaffte es binnen einer halben Minute, daß die ganze Meute schwieg und ihm zuhörte. Seine Fähigkeit, diese wilden und dreisten Kinder zum Schweigen zu bringen, war bemerkenswert. Ich bekam nicht alles mit, was er ihnen sagte, aber als wir unseren Weg fortsetzten, hielten sie Abstand und gingen nach und nach auseinander. Hätte er grob mit ihnen geredet, wären sie nur noch lästiger geworden, wie Kinder eben sind, aber sein freundlicher Tadel besiegte sie vollständig.

Die *Antigua Fonda* erfreut sich ihres Daseins in einer schmalen Gasse am anderen Ende der Stadt. Ihr Alter wird durch ein Schild aus Glas über der Tür kundgetan wie auch durch den Gestank aus der Kanalisation. Die *Fonda* dürfte wohl einige Jahrhunderte alt sein, hineingequetscht zwischen die anderen niedrigen Häuser der Straße; ihre dunkle Eingangshalle ist mit den "Stühlen der Gastfreundschaft" ausgestattet, wie jedes andere mallorquinische Haus. Von dort windet sich eine enge Treppe nach oben zu einer weiteren trüben Diele mit drei kleinen Schlafzimmern zu jeder Seite. Die Decke in den Räumen ist niedrig, der Boden rotgefliest, und die Holzbetten geben ein grausliches Knirschen von sich, als wir uns darauf setzen. Das ganze Gebäude ist trüb und kalt, trotz der Hitze draußen.

Alsbald meldete sich der freundliche Wirt, um sich nach unseren Wünschen bezüglich des Essens zu erkundigen. Wir erwiderten, alles außer Knoblauch und Tomaten würden wir essen. Gut, er würde uns mitteilen, was es gäbe, wobei er fürs Abendessen das Wort *Cena* benutzte. Er schlurfte davon, und wir vergaßen ihn. Fünf Minuten später erschien er wieder, nun zusammen mit einer molligen, lächelnden Bauersfrau und einem schüchternen, madonnenähnlichen Mädchen, jede mit mehreren Tellern, auf denen verschiedene rohe Lebensmittel lagen. Er bat uns, eine Auswahl zu treffen. So das Essen auszusuchen, war für uns eine ganz und gar unbekannte Methode: Die Gerichte, die man später im Speisesaal verzehren würde, im Schlafzimmer zu bestellen! Es gab die unvermeidlichen Lammkoteletts, eine schöne Palette Gemüse, Reis, Fisch und Früchte. Wir trafen unsere Entscheidung, und die drei stiegen im Gänsemarsch die Treppe hinunter, die Teller übereinander gestapelt, wie Heidenpriester, die ihr Opfer zum Altar des Götzen tragen.

Wir diskutierten eine Weile über diese eigenartige Vorgehensweise. Ich klügelte die raffinierte Theorie aus, nach der dies ein Überbleibsel aus der Zeit war, als Könige und Adelsleute ihre Vorkoster hatten, und Gift großzügiger als heutzutage im Volk kursierte. Da der normale Bürger sich keinen Vorkoster leisten konnte, inspizierte er selbst das Essen, bevor es gegart wurde. Die Fee aber erklärt diese Theorie für unsinnig. "In einem Gasthof kannst du dein Zimmer anschauen", sagte sie, "um zu sehen, ob du es in Ordnung findest. Warum sollte es mit dem Essen anders sein?" Der Logik dieser Erklärung konnte keine romantische, an den Haaren herbeigezogene Theorie standhalten.

Als wir uns hinunter auf die Suche nach dem von uns ausgewählten Essen begaben, führte man uns aus der Eingangshalle heraus durch einen kleinen, gewölbten Speisesaal in einen zweiten, der offensichtlich für Gäste, die als wichtig betrachtet wurden, reserviert war. Wir mußten unseren Wunsch nach etwas Gesellschaft erst deutlich zum Ausdruck bringen, bevor uns der "Freundliche Hund" in den äußeren Raum geleitete, wo wir uns an einen langen Tisch zu zwei Männern setzten. Einer von ihnen überraschte uns mit der folgenden Begrüßung auf Englisch:

"Very much like to see you, thanks. Yes? Could be happy revealing for you all things of Artá, this is very not-interesting town when you know!"

Wir dankten ihm für seine guten Absichten und unterhielten uns ein wenig mit ihm. Er hatte eine Menge Informationen, aber eine geringere Fähigkeit, sie auszudrücken. Er sagte, er sei Staatsbediensteter, von der Regierung ermächtigt, den spanischen Postdienst zwischen Palma und Artá abzuwickeln. Er war also ein Postbeamter, dazu eine angenehme kleine Person, sehr hilfsbereit, und wir hörten ihm geduldig zu, als er uns all die Dinge, die wir bereits wußten, über Artá erzählte und uns eine Liste der Sehenswürdigkeiten überreichte, die wir längst eingeplant hatten. Wir gingen nach dem Essen in die Stadt und schauten sie uns von der Kirche auf der Hügelspitze an. Um die Kirche herum gibt es eine zehn Meter hohe Mauer, und man kann darauf einen Spaziergang machen. Unten liegt Artá, ein weißer Halbmond, der den Hügel auf einer Hälfte einschließt. Hier und dort ragen die herabhängenden Wedel einer Palme über die im maurischen Stil gebauten, mit flachen Dächern versehenen Häuser. Auf allen Seiten erheben sich die blauen Berge, nichts als Berge, und in der Abenddämmerung bildet die Form der Stadt eine derart perfekte Sichel, daß sie aussieht, als ob der Mond auf die Erde gefallen wäre.

Die engen Straßen sind des Nachts voller Frauen in Schals mit langen Zöpfen auf den Rücken, die spazierengehen. Rauf und runter, runter und rauf gehen sie, denn sie haben keine andere Freizeitbeschäftigung: Sie laufen und reden und stehen in Gruppen herum, und die Straßen sind voll mit dem Klang ihrer Stimmen. In der ganzen Stadt hört man am Abend nichts anderes als diese Gespräche. Der Charme von Pollensa fehlt in Artá vollkommen. Die Stadt ist von Armut gezeichnet; die meisten Häuser – viele besitzen sogar nur Fußböden aus nackter Erde – sind elende Bauten. Die Einwohner leben vorwiegend von der Landwirtschaft. Der langweilige, kleine Markt, der fast ausschließlich von Frauen betrieben wird, bietet kaum mehr als gerade das Lebensnotwendige. Der Staatsbedienstete scheint recht gehabt zu haben: Artá ist *very not-interesting.*

Am Morgen führte uns unser Wirt aufs flache Dach, zeigte alle Sehenswürdigkeiten in Sichtweite, nannte jeden Berg, der sich nur irgendwie abhob, und unterstrich mit Stolz das Alter der *Fonda,* indem er unsere Aufmerksamkeit auf die verwitterten Steine der Brüstung lenkte.

Später brachen wir zu den großen Tropfsteinhöhlen auf, die an der gut zehn Kilometer entfernten Küste liegen.

Unterwegs brachte uns ein kleiner Umweg zum Talayot*), einer Siedlung der geheimnisvollen alten Iberer. Es umschließt einen Felsenhügel, seine Mauern bestehen aus riesigen aufeinandergeschichteten Steinen. Teile davon sind schon von Bäumen und Büschen überwachsen. Restaurierungen haben nicht stattgefunden, ja, sie scheinen überflüssig zu sein, denn dieses Denkmal der Urgewalt der prähistorischen Menschen, deren Leben und Schlachten niemals niedergeschrieben wurden, hat einfach durch seine eigene, gigantische Kraft die Zeiten überdauertt.

Wir betreten das Gelände durch ein drei Meter hohes Tor, zwei senkrechte Säulen, auf denen ein massiver Felsblock liegt. Die beiden aufrechten Quader sind in viertausend

---

*) Gemeint ist der Talaiot de Ses Paisses. Es handelt sich um Reste einer steinzeitlicher Siedlung, wie sie bis zur römischen Besetzung auf den Balearen vorherrschte. Für Laien ist der Besuch wenig ergiebig.

Jahren keinen einzigen Zentimeter aus der Senkrechten geraten. Eine Wildnis aus gebrochenem Stein bildet das Zentrum der Anlage, und genau in der Mitte befindet sich ein großer, kegelförmiger Hügel, der Brennpunkt und das Herz dieser Festung. Wir steigen auf die Spitze, setzen uns und versuchen, die Atmosphäre des Ortes auf uns wirken zu lassen, indem wir ihn mit den vorgeschichtlichen Menschen wiederbevölkern, die vor so langer Zeit das unverwüstliche Tor bauten und die massiven Felssteine aufeinanderhäuften. In ihrem Leben ging es um Selbstschutz: die Mauern drücken ihre Gedanken aus und erzählen von ihren Ängsten. Selbstverteidigung war für sie allgegenwärtig, eine Notwendigkeit, die für uns in weiter Ferne liegt, denn wir bezahlen mit unseren Steuern andere Menschen dafür, daß sie uns schützen. Damals sorgten wehrhafte Mauern und eine schwere Keule für das Überleben, während uns der Besitz eines Bankkontos genügt. Die Verantwortung hat sich verlagert: wir schlagen unsere Feinde mit

172

Goldmünzen, und mit Hypotheken kann man sich sogar vor den Elementen schützen. Es scheint aber, daß – soweit es die Verteidigung betrifft – die Zivilisation uns zu den Ursprüngen zurückführt. Vorbei sind die Zeiten, als Krieg ein zweifelhaftes Privileg der Söldner war, vorbei auch die Zeit, als Krieg die Ehrenangelegenheit einer ausgewählten Minderheit bedeutete. Die Wehrpflicht bringt uns wieder Stammeskriege, in denen jeder einzelne die Keule zur Verteidigung seiner Festung heben muß.

Der einsame Weg zu den Höhlen von Artá führt zuerst durch Ackerland, aber er wird hart und uneben, sobald er die Felder verläßt und durch steinige Einöde führt. In der Nähe des Küstengebirges passierten wir die Steinhütten einer Köhlerfamilie. Dort sahen wir zwei Männer, ein paar Jungen, zwei wilde, halbnackte kleine Mädchen und zwei Frauen, von denen eine sich im Sonnenschein wusch. Als sie einen der Jungen packte und auch ihn zu waschen begann, protestierte er mit lautem Geschrei und Gewimmer, so wie kleine Jungen es zu tun pflegen. Die beiden Mädchen erschraken und verschwanden zwischen den Felsen. Von dort beobachteten sie schadenfroh die Folterung ihres Bruders. Als sie jedoch uns erspähten, vergaßen sie den leidenden Jungen und folgten uns. Sie schlängelten sich durch die Felsen und versteckten sich jedesmal, wenn wir uns nach ihnen umsahen.

Für fast zwei Kilometer spielten sie dieses Spiel, und nichts konnte sie dazu bewegen näherzukommen. Als wir einige Kupfermünzen warfen, zeigten sie mehr Interesse, aber sie trauten sich immer noch nicht nahe genug heran, um sich die verlockenden Geldstücke zu holen. Ihr einsames Leben zwischen Felsen und Pinienwäldern macht diese Kinder fremdenscheu wie junge Füchse und wild wie Wölfe.

Wir verloren die Mädchen aus den Augen, gingen durch einen Pinienhain und gelangten plötzlich an die schönste Bucht von ganz Mallorca. Von blauen Bergen umschlossen bildet sie einen goldenen Sandbogen jenseits der Pinien; und das türkisfarbene Meer nimmt ein Bächlein aus den Bergen in sich auf, das sich einen glitzernden Weg durch das Ufer schneidet. Sonnenschein, Stille und Einsamkeit, die Welt des Menschen verloren und vergessen, ohne ein einziges Haus, das die Illusion eines universellen Friedens stören könnte. Hier ist unberührte, unverdorbene Natur, die sich bislang der schöpferischen Hand des Menschen entziehen konnte. Hier kann man Robinson Crusoe spielen! Hier ist die lang ersehnte einsame Insel! Hier ist der Ort für Liebesabenteuer, Romantik und Jugendträume in all ihren phantastischen Farben! Wer immer sich eine Südseeinsel gewünscht haben mag, braucht nicht weiter als bis zu dieser Bucht zu fahren, deren schläfrige Verträumtheit auch von der einer pazifischen Insel nicht zu überbieten ist.*) Wer den Anblick und den Lärm von Menschen nicht ertragen kann, wird ihm hier entfliehen können – bis man durch die Bäume das Krähen eines Hahnes hört. Da weiß man, daß sie nicht weit sind.

Wir machten uns auf und trafen schließlich auf eine korpulente Frau mit glänzendem Gesicht. Sie kam aus ihrer kleinen, weißen Hütte am Fuße des Berges, der die linke Flanke der Bucht überwacht. Als wir sie fragten, wo die Höhlen seien, zeigte sie auf einen Jungen, der schlafend unter den Pinien hinter der Hütte lag. Er rappelte sich auf und rieb sich die Augen. Er sei hier der Höhlenführer, gab er uns zu verstehen. Im allgemeinen haben wir wenig übrig für Führungen, da sie oft ihren Zweck ins Gegenteil verkehren. Das aufwendig angelernte Geplapper vieler Führer bedeutet den Tod für jede Art von Romantik. Sie erzählen ihrem Opfer all das, was es ohnehin schon weiß und nichts von dem, was es wissen will, wohl im Glauben, daß sie ihr Geld nicht verdienten, wenn sie nicht ununterbrochen

---

*) West meint die damals noch menschenleere Bucht von Artá, an der heute die reine Touristensiedlung Playa bzw. Platja de Canyamel liegt.

reden würden. Wenige von ihnen scheinen zu verstehen, daß gelegentliche Stille eine Voraussetzung für den wirklichen Genuß ist.

Nichtsdestoweniger schien es uns ratsam, für die Höhlen einen Führer zu haben, denn man hatte uns von Gruppen erzählt, die alleine in den Berg eingedrungen und nie wieder herausgekommen seien. Daher heuerten wir den Jungen an, waren aber entschlossen, ihm entschieden Einhalt zu gebieten, sollte er uns mit überflüssigen Erklärungen die Freude an der Exkursion zu verderben drohen. Doch er sprach zum Glück wenig, als er uns durch Pinienhaine und über rote und graue Klippen führte. Bald hatten wir die Küste hinter uns gelassen und standen auf einem steilen Felsvorsprung über dem offenen Meer. Fast zwei Kilometer schlängelt sich der Pfad an den Hängen entlang, bis man plötzlich vor einem riesigen dunklen, gähnenden Loch in einer steil aufragenden rosaroten Felswand steht.*)

Der Eingang ist bestimmt zwölf Meter hoch, und unter ihm befinden sich mindestens fünfzig steile, grob behauene Stufen, auf denen wir vom gefährlichen Pfad emporsteigen. Oben schauen wir ins Schwarze, vermögen aber nichts zu erkennen. Es ist eine furchterregende Grotte, riesengroß, finster, still. Es könnte die Höhle eines Drachens sein, mit einem Felsblock dort unten, wo schöne Jungfrauen als jährliche Opfer festgebunden werden. So unheimlich ruhig und geheimnisvoll wirkt die Höhle, daß alles Erdenkliche aus ihr herauskommen könnte. Der Junge verschwand in die Finsternis und kam wieder mit einer Acetylenfackel, die er nach zehnminütigem Herumexperimentieren tatsächlich zum Brennen brachte. Er hielt sie über seinen Kopf, und wir folgten ihm in die Dunkelheit.

---

*) Der heute per Straße erreichbare Eingang der Coves d'Artá befindet sich etwa 12 km vom Städtchen entfernt hoch über der Costa de Canyamel. Die zugänglichen Teile der Höhle wurden mit kitschiger Beleuchtung und Farbwechselspielen zu klassischer Musik ausgestattet.

Sofort schließt uns die absolute Lautlosigkeit der Höhle ein. Die Finsternis ist so immens, daß die Fackel winzig wie eine Kerze wirkt. Unter unseren Füßen sehen wir den Anfang einer Steintreppe, steil und ohne Geländer, zu jeder Seite gähnt tiefschwarze Leere. Wir steigen hinunter, hinein ins Herz des Berges, tiefer und tiefer. Die große Öffnung in der Klippe, durch die wir gerade hereingestiegen sind, ist zur Größe einer Untertasse geschrumpft. Jetzt verschwindet sie ganz, die Treppe endet, und die Fackel schwelt und erlischt. Im Dunkeln hören wir, wie unser Führer mit der Fackel herumhantiert. Dazu hören wir auch das Platschen von tausend Wassertropfen: Ein lautes, klares, unstetiges Geräusch, ein sanftes, schnelles Trippeln, wie unzählige, winzige Füße, die über das Gestein laufen, ein leises, zischendes Flüstern, und dann – aus der Ferne – ein gurgelndes Kichern wie das böse Gelächter eines Dämons, der sich in der Dunkelheit versteckt hat.

Die Fackel leuchtet heller und heller, bis sie blendet, und dann erst erahnt man die Schönheit des Ortes. Wir sind in einem großen Saal, einer Kathedrale, deren Säulen zum unsichtbaren Dach emporsteigen. Es gibt Säulen, die zu groß sind, um mit beiden Armen umfaßt zu werden, aber auch dünne, kannelierte, geknotete, und welche, die in rubin- und smaragdfarbigem Licht glitzern. Zu unseren Füßen liegt ein runder Haufen aus hartem, schwarzen Basalt, von dem aus das Licht in Millionen von Facetten leuchtet.

Der Junge geht durch eine Öffnung auf der anderen Seite der Höhle, wir folgen ihm, betreten einen weiteren Raum und schreiten durch Saal und Galerie, Galerie und Korridor, Korridor und Saal mehr als zwei Kilometer lang, tief im Berg, und überall windet sich unser Weg um gigantische Stalaktitsäulen. Überall hören wir das endlose Trippeln und Flüstern des mineralischen Regens, der diese Säulen durch Ewigkeiten in der Vergangenheit baute, und er wird sie endlos weiter auch in Zukunft bauen. Einige

Stalaktiten messen mehr als dreißig Meter von oben bis unten, und nur wenn man weiß, daß sie wohl nur wenige Zentimeter in tausend Jahren wachsen, wird klar, daß die Entstehung einiger dieser Säulen Millionen von Jahren gedauert hat. Andere sind noch in der Entstehung: Der Stalaktit wächst nach unten, der Stalagmit nach oben, und zwischen den beiden sind es noch gut drei Meter. Ehe sie sich vereinen, werden zehn- oder zwanzigtausend Jahre verstreichen. Dann wird der Prozeß der Verbreiterung beginnen: Nach hunderttausend Jahren vielleicht wird die perfekte Säule vollendet sein.

Wir können diese erstaunlichen Schöpfungen der Natur nicht ohne ein Gefühl der Ehrfurcht betrachten. Obwohl es üblich ist, die architektonischen Werke des Menschen als den Gipfel der Baukunst einzustufen, wird seine Macht durch einen einzelnen Tropfen Wasser übertroffen, der

sich durch die Jahrhunderte ständig wiederholte und derart die Säulengänge im Herzen des Berges schuf. Solange wir hier in diesem Wunderwerk verweilen, möchte ich von der Rolle erzählen, welche die Höhlen von Artá bei der Rückeroberung Mallorcas von den Arabern gespielt haben:

Vor siebenhundert Jahren, als König *Jaime Conquistador* die Mauren von der Insel vertrieb, kamen seine siegreichen Truppen auf der Suche nach Feinden auch nach Artá. Die geschlagenen Muslime flüchteten durch das Tal in Richtung der Bucht, fünfzehnhundert von Panik getriebene Männer mit ihren Frauen und Kindern, mit ihren Tieren und ihrem Hab und Gut, hinter ihnen das rachedurstige Heer, vor ihnen nur das Meer und die Höhlen, die sie dann als letzte Zuflucht wählten. Sie stiegen also mit allem, was sie besaßen, tief in den Berg. Dort waren sie zunächst in Sicherheit, da kein Heer sie erreichen konnte. Um den Eingang zur Höhle herum bauten sie einen Palisadenwall, warteten in der tropfenden Stille und hofften auf ein Wunder für ihre Rettung. Nur vorübergehend war *Jaime* ratlos. Eines Nachts seilten sich zwei seiner Offiziere von der Höhe der Klippe hinab zu den hölzernen Bollwerken und setzten sie im Schutze der Dunkelheit in Brand. Bald standen die Palisaden in Flammen. Der Rauch wurde durch die Seebrise in die Öffnung getragen, von einer Höhle zur nächsten gewirbelt und füllte langsam alle Räume. Den Eingeschlossenen blieb am Ende keine andere Wahl, als sich zu ergeben, wollten sie nicht ersticken.

Nach der Besichtigung der Höhle hatten wir einen Bärenhunger, da die Luft drinnen kühl und erquickend gewesen war. Unser Führer sagte, seine Mutter würde für uns kochen. Zurück in der kleinen, weißen Hütte am Fuß des Berges schauten wir uns in der Küche um. Auf dem Speisezettel standen *Paella*, *Pollo*, *Fruta* und *Vino*. Schön. Wir setzten uns an den groben Holztisch vor dem Haus, unter die Pinien am Ufer der Bucht mit ihren wogenden Wellen.

Als wir dort saßen und plauderten, hörten wir den Lärm einer wilden Jagd zwischen den Bäumen. Kurz darauf flatterte und gackerte ein verängstigtes Huhn um die Hütte herum, verfolgt von dem Jungen. Die Jagd ging rund um den Tisch, bevor der unglückliche Vogel zur anderen Seite der Bucht entfleuchte, und der Junge in grimmiger Entschlossenheit hinter ihm hereilte. Er versuchte offenbar, unser Mittagessen einzufangen, eine ziemlich spannende Angelegenheit. Sofern nämlich das besagte Mittagessen Flügel besitzt, ist nicht einmal ganz sicher, ob die Fangbemühungen Erfolg haben. Wenn man Hunger hat, macht diese Unsicherheit die Jagd besonders interessant. Wir schauten beunruhigt zu, als unser Mittagessen zwischen den Pinien flitzte, um dann am Ufer der Bucht wieder aufzutauchen. Es lief am Rand des Wassers entlang, was sich als vorteilhaft erwies, da der weiche Sand die Verfolgung erschwerte. Wieder zurück zu den Bäumen:

Dort versuchte der Jäger eine List. Er hielt inne, stopfte die Hände salopp in seine Taschen und schaute lässig um sich, als ob es ihm nie im Leben eingefallen wäre, einen Vogel zu jagen. Unser Mittagessen legte den Kopf schief, glotzte ihn mißtrauisch an und vertrieb sich die Zeit damit, hier und da gelangweilt vor sich hin zu picken. Der Jäger beobachtete das Mittagessen aus dem Augenwinkel. Ein plötzlicher Satz, ein Gackern und Flattern, wieder zum Sand, über den Bach, um die Hütte herum, Berghänge rauf, und weg waren sie! In der Tür der Hütte erschien die alte Frau, die dem Jungen zukreischte, er solle sich beeilen. Als Antwort ertönte Siegesschrei, und bald kam er den Hang heruntergepoltert, in seinen Armen das Huhn. Die Alte nahm es mit in die Hütte. Nach ein Paar Sekunden erscholl ein heiserer, heulender Schrei, gefolgt von einem bedrohlichen Schweigen, und wir wußten, der Vogel würde nie wieder gejagt werden. Aber das Unvorstellbare war, daß uns innerhalb von nur fünfzehn Minuten sein Fleisch vorgesetzt wurde. Das Huhn war in so kurzer Zeit gerupft, zubereitet und gegart worden, daß wir kaum glauben mochten, es könne genießbar sein. Aber es war hervorragend, tiefbraun gebraten und mit dem Glanz von Olivenöl. Wir genossen es, obwohl wir seinem Überlebenskampf beigewohnt und seinen Todesschrei gehört hatten. Im Fall von Hunger ist kein Platz für übermäßige Skrupel.

Als wir gerade im Begriff waren aufzubrechen, donnerte ein Auto durch die Pinien heran, ein schwergewichtiger junger Mann und eine junge Frau stiegen aus und wollten ebenfalls essen. Wir unterhielten uns eine Weile mit ihnen. Er war Kastilier, sie Pariserin und beide ganz offensichtlich ein Liebespaar. Sie erzählten uns, sie bereisten Mallorca mit dem Auto, und während sie sprachen, streichelten sie sich immer wieder in einer Art, die in ihrer Offenheit geradezu peinlich war. Ein letzter Blick zurück, bevor wir zwischen den Pinien verschwanden, zeigte uns, daß sie am Tisch saßen und sich – auf ihr Essen wartend – weiter liebkosten. Um sie herum verfolgte der Junge mit dem üblichen Lärm ein weiteres Mittagessen, wovon sie aber gar keine Notiz nahmen, so sehr waren sie mit ihren eigenen erfreulichen Angelegenheiten beschäftigt.

Die letzten fünf Kilometer zurück nach Artá fuhren wir auf einem Karren zusammen mit zwei jungen Bauern und einem Sack Fisch. Das Gefährt, wieder eins mit dem schon bekannten Netzboden, hatte uns von hinten eingeholt. Von den zwanzig Kilometern, die wir bereits zurückgelegt hatten, war die Fee recht müde geworden. "Schau mal, was ich mir bei *Watts*[*] abgeguckt habe", sagte sie, erklomm einen Stein am Straßenrand, setzte sich müde darauf, und stellte somit das Sinnbild der *Hoffnung* dar[**]. Der Karren kam heran, die jungen Bauern gafften. Der Karren fuhr vorbei, hielt an, kehrte zurück, und wir wurden gebeten, doch einzusteigen. Die letzte Saite der Laute hatte gehalten!

---

[*] George Frederic Watts (1817-1904), ein britischer Maler und Bildhauer, war besonders erfolgreich mit seinen von der italienischen Renaissance beeinflußten mythologischen und allegorischen Bildern. Sein
[**] Werk *Hoffnung* von 1885 hängt heute in der *Tate Gallery* und zeigt eine auf einem erdballähnlichen Stein sitzende Frau, die mit ihrem Kopf an ein Zupfinstrument gekettet ist, das nur noch eine Saite aufweist.

VOLKSLIEDER MALLORCAS

Unsere Einführung in die Volkslieder und Musik der Insel erhielten wir während einer Omnibusreise von Artá nach Inca. Im letzten Moment vor der Abfahrt kam ein älterer Mann mit jugendlicher Wendigkeit und Energie zum Bus gerannt und sprang lachend und atemlos hinein. In einer Hand hielt er einen Beutel aus grobem Stoff, in der anderen eine spanische Gitarre. Nachdem wir losgefahren waren, redete er zehn Minuten lang und erzählte jedem, der ihm zuhören wollte, weswegen er solche Eile habe, wohin er wolle und warum und wann er vorhabe zurückzukehren. Als er merkte, daß die Fee seine Gitarre betrachtete, gab er sie ihr. "Spielen Sie für uns, *Señora*, spielen Sie", rief er über den Lärm des Omnibusses hinweg.

Sie lachte und sagte ihm, sie sei den Umgang mit diesem Instrument nicht gewohnt. "Sie sollten für uns spielen", erwiderte sie. "Ja, spiel für uns", riefen die anderen Mitreisenden im Chor.

Weitere Einladungen brauchte der Mann nicht, und schon begann er, auf der Gitarre zu spielen. Zuerst spielte er kleine, traurige, langsame Melodien, aber bald sang er in einer tiefen, wohlklingenden Stimme einige Bauernlieder.

Während der lärmigen, holprigen Reise konnten wir nur wenig vom Sinn der Lieder verstehen, aber nach unserer Ankunft in Palma sammelten wir einige Texte und Partituren mit Hilfe von *Antonio Pol*, dem mallorquinischen Komponisten, der sich intensiv mit den Liedern der Insel beschäftigt hat und einige davon veröffentlichte.

In diesen Liedern findet man den vollständigen Ausdruck des mallorquinischen Charakters in seiner ursprünglichen Schlichtheit. Viele der Melodien sind von der Kirchenmusik geprägt. Der Einfluß der Kirche auf die Bevölkerung ist sehr stark. Die Texte drücken die einfachen Alltagsgedanken, die Hoffnungen, Ängste und Sorgen des Volkes aus. Nur wenige Lieder sind länger als eine Strophe, die wiederholt wird, bis der Sänger genug davon hat.

Eines der einfachsten und zugleich typischsten ist das "Lied der Oliven". Seit mehr als tausend Jahren werden die Oliven angebaut. Noch die unzugänglichsten Berghänge sind mit den Ölbäumen bepflanzt. Das jahrhundertelange Ernten hat wohl zu der folgenden Strophe inspiriert, die Olivenpflücker immer wieder vor sich hin leiern, während sie sich an den Zweigen festhalten und die Oliven in Körbe fallen lassen:

Ich bin so hoch in den Olivenbäumen
mit einem so gefährlichen Sitz,
Bete zum Himmel, meine Schöne,
daß ich mich nicht verletzte,
wenn ich hinunterfalle.

Fast jeder Beruf der Insulaner hat sein eigenes Lied. Der Korndrescher singt seinem müden Pferd einen gedehnten, traurigen Heulton zu, wenn es mit schleppendem Schritt umherstapft, um das Korn aus den Ähren zu dreschen. Das Lied ist traurig, denn er denkt an die Tage, als sein Pferd ein edles Tier und noch kein abgearbeiteter Klepper war, und vielleicht auch daran, daß er sich kein neues Pferd leisten kann. Sein Gesang beginnt mit einem hohen, dünnen Pfeifen und endet mit einem gehaltenen *"Arr-i-i-i-i-i"*, um das Tier zu weiteren Anstrengungen anzuspornen:

Ach, ...
Mein Pferd, mein kleines Pferd,
einst ein feuriges Roß,
Ach! ... Arr-i-i-i-i-i
Jetzt bist Du ein Gaul mit Knochen,
Ein Gaul mit Knochen, die dein Fell durchbohren,
Ach!... Arr-i-i-i-i-i.

Ich erwähnte bereits die unvermeidlichen Lammkoteletts der Inselkost sowie das althergebrachte Spinnen der Wolle. Ich habe kein Lied der Spinner entdeckt, aber der Scherer hat seine eigene Melodie, deren Worte seine simple Überraschung und Begeisterung zum Ausdruck bringen, als er entdeckt, daß er gleichzeitig scheren und singen kann:

Der Scherer schert seine Schafe so schön,
So gekonnt führt er die Schere,
daß er ein Lied bei der Arbeit singt –
Jetzt sieht man das nackte Fleisch!

Das *Lied der liebeskranken Tochter* drückt den universellen Schrei aller unglücklichen Töchter in allen Ländern aus, die Sehnsucht eines Mädchens nach einem Mann, der ihre Leidenschaft nicht erwidert.

Mutter: *Was begehrst Du, meine Tochter,*
  ein Kleid mit schöner Stickerei?

Tochter: *Ach, meine Mutter, kein Kleid begehre ich.*
  Tiefer noch liegt meine Trauer,
  im Schmerze meines Herzens.

Mutter: *Was ist es denn, meine Tochter,*
liebst Du einen schönen Jungen?

Tochter: *Ach, weh, ich sterbe für ihn,*
aus meinem Liebeskummer,
nur er kann meinen Schmerz lindern.

Eines der besten Beispiele des maurischen Einflusses auf die Inselmusik ist das *Lied der Zambomba*, eines eigenartigen Instruments, das auf *Fiestas* zu sehen und zu hören ist. Es wird nach dem gleichen Prinzip wie eine Trommel gebaut, aber ein Rohr durchbohrt es, das mit befeuchteten Händen kräftig gerieben wird, um einen tiefen, donnernden Klang zu erzeugen. Der dröhnende Rhythmus des Morgenlandes läuft durch die Musik und regt die Zuhörer zu einem wilden, leidenschaftlichen Tanz an.

HERAUS AUS DER SONNE

Dreimaliges kurzes, aufdringliches Heulen einer Sirene, das Gackern tausender Vögel, das Meckern einer Ziege, das Trommeln von fünftausend verängstigten Kaninchen. Die *Rey Jaime* legt ab, und wir verlassen Mallorca. Das Boot ist voller schwatzender Menschen, und an den Seiten der Decks sind Kästen gestapelt, voll mit lebendem Geflügel.

Wir zwängen uns an der Schiffsbar vorbei hoch zum Oberdeck und versuchen, dabei den Blick auf die herausgestreckten Köpfe der entrüsteten Vögel zu vermeiden, die ihre erste und letzte Reise nach Barcelona antreten. Durch die starren Holzstäbe ihrer Käfige starren uns die blassen, gehetzten Augen der Kaninchen an. Eine Ziege senkt den Kopf mit einer Drohgebärde der Hörner, nimmt heimtückisch Anlauf und wird von der Kette, die sie fest an die Reling bindet, mit einem gewaltigen Ruck zum Halten gebracht. Vom Ufer hört man den Klang einer Gitarre, der mit der sich langsam vergrößernden Distanz zwischen Boot und Kai immer schwächer wird. Der Musiker ist ein langer, brauner Kerl. Ein Mann und eine Frau lehnen sich über die gestapelten Kästen und winken ihm zu. Der Musiker spielt eines der Lieder der Insel, ein Lied des Abschieds. Mit den traurigen, getragenen Melodien Mallorcas im Ohr nehmen wir von der Insel der Ruhe Abschied. Wir verlassen sie ohne allzu große Sehnsucht nach den vertrauten Dingen zu Hause, dafür aber mit Wehmut, weil wir das einfache und harmonische Leben aufgeben.

Wir nehmen Erinnerungen an so manches Lächeln, an zahlreiche Freundlichkeiten, an interessante Charaktere, an viele Bekannte und einige Freunde mit uns. Dafür werden wir die jetzt noch so fernen alten, gut bekannten Dinge des alltäglichen Lebens in England wiederhaben.

Der Heimkehrende, der vorurteilsfrei und offenen Herzens gereist ist, muß zwangsläufig feststellen, daß die Freude heimzukehren durch das Bedauern getrübt wird, daß er neuentdeckte Schönheiten zurücklassen mußte. In Momenten der Rückbesinnung wird die Erinnerung an ein Lachen, ein Entgegenkommen oder an eine ruhige Stunde perfekter, sonnenbeschienener Harmonie ein Gefühl von Melancholie hervorrufen, das man nur ungern abschüttelt. Nur wer mißgünstig, misanthropisch und überheblich ist, kann mit voller Zufriedenheit wieder zur Normalität übergehen. Da wir weder mißgünstig noch misanthropisch noch überheblich sind, ist unsere Reise gen Norden durch eine vage Trauer und ein Gefühl des Verlustes geprägt.

Wir kommen zurück ins trübe und laute London, zu altbekannten Gegenständen, die während unserer Abwesenheit verblaßt zu sein scheinen. Sogar unser Lieblingsteppich hat offenbar seine Farbe verloren, obwohl wir wissen, daß dies an uns selbst liegt und nicht an irgendeiner Nachlässigkeit unser treuen Dienerin! Ein Gefühl der Öde, fast der Unfreundlichkeit herrscht in London an diesem regnerischen Sommertag. Zumindest aber fehlender Enthusiasmus bezüglich unser Rückkehr! Bis der Hund auftaucht.

Wer einmal von einem Hund begrüßt wird, der ihm während monatelanger Abwesenheit nachgetrauert hat und der beim Anblick des Herrchens so sehr die Kontrolle über seinen Schwanz verliert, daß sein ganzer aufgewühlter Körper mit der Gewalt der Emotion, die durch besagtes Anhängsel ausgedrückt wird, vibriert und schaukelt, und dessen mehr-als-menschliche Seele in seinen Augen derart glüht, daß die eigene schale Begeisterung eher beschämend wirkt, dem verschwinden die Gefühle des Verlustes und der Öde, und die Farbe des gewohnten Lebens kehrt wieder zurück.

Auch für uns kommt sie jetzt langsam zurück, obwohl die Heimkehr durch eine kleine Tragödie überschattet wird. Wir suchen unsere Freundin, die Fliege, und finden sie letztendlich steif, leblos und ausgetrocknet in einer Ecke der Fensterbank, wohin sie auf der aussichtslosen Suche nach Sonne und Wärme gekrochen war: Ein Opfer des englischen Sommers! Wir werden ihr ein würdiges Begräbnis im Blumenkasten geben, und ihr Requiem wird eins der traurigsten Klagelieder Mallorcas sein!

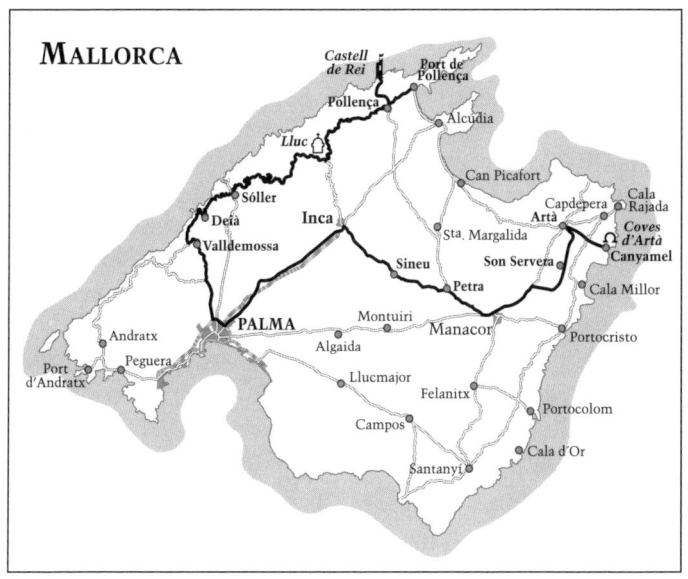

Die Reiseroute

Gordon West und sein Frau machten sich von London aus mit dem Zug über Paris auf die Reise nach Barcelona. Per Nachtfähre – Fahrplan seit 1929 bis heute nahezu unverändert – erreichten sie von dort aus Palma.

Nachdem sie sich einige Tage in Palma aufgehalten hatten, fuhren sie zunächst mit einem Tourenwagen als Ersatz für einen zu früh abgefahrenen Bus nach Valldemossa. Von dort ging es zu Fuß an der Küste entlang über Miramar und Deya nach Soller, wo sie ein Maultier mit Treiber mieteten der sie über die Berge und das Kloster Lluch nach Pollensa bringen sollte. Sie lebten eine Weile in Puerto de Pollensa und unternahmen noch eine Exkursion zu den Höhlen von Artá, bevor sie die Rückreise antraten.

Die obenstehende Karte verdeutlich die in diesem Buch beschriebenen Routen des Ehepaares *West* auf der Insel.

PREISE

Dem aufmerksamen Leser wird nicht entgangen sein, daß *Gordon West* des öfteren seiner Befriedigung darüber Ausdruck verleiht, wie preisgünstig Einkäufe und Dienstleistungen 1929 noch auf Mallorca waren. Leider gehört dieser erfreuliche Umstand wie vieles andere auch mittlerweile definitiv der Vergangenheit an. Mallorca gehört heute zu den teuersten Regionen Spaniens. Und das Preisniveau ist durchaus vergleichbar mit dem in Mitteleuropa und höher als das in England.

Um dem Leser eine Vorstellung von den Kosten zu vermitteln, welche den *Wests* vor allem für Unterkunft und – oft opulente – Verpflegung entstanden, sind folgende Vergleichswerte ganz aufschlußreich :

1929 galt noch: 1 £ *Sterling* = 20 *Shillings* = 240 *Pence*

Insgesamt entsprach **bei aller Vorsicht** 1929 die Kaufkraft von 1 £ *Sterling* etwa der von 100 DM heute (1997).

Ein *Shilling* entspräche dann einem Gegenwert von etwa 5 DM und ein *Penny* hätte einen Wert von ca. 0,40 DM.

Im Jahr 1929 kosteten in England:

Einfache Mahlzeiten:		6 *Pence*
Menü (drei Gänge):	1 *Shilling*	6 *Pence*
Fahrrad:		£ 5
Auto (*Morris Minor*):		£ 100

Der Sozialhilfesatz (nur Essen) für eine dreiköpfige Familie betrug 12 *Shilling*/Woche

Der Wochenlohn für einen Angestellten lag bei £ 4

Die *Wests* bezahlten für Vollpension (zwei Personen) in Valldemossa 4 *Shilling* 6 *Pence* pro Tag, also nach heutigem Wert ungefähr 23 DM.

Don Juan und sein Maultier *Roja* aber kosteten sie immerhin 20 Peseten am Tag, ungefähr 13 *Shilling*, ca. 65 DM!

ZUM AUTOR

Über den Autor dieses Buches, obwohl er sich in den 30er-Jahren als Journalist und Schriftsteller durchaus einen Namen gemacht hatte, ist nur wenig bekannt.

Gordon West wurde 1896 in Guildfort im Süden Englands geboren, besuchte dort die *Grammar School* und später die *London School of Economics*. Im ersten Weltkrieg diente er in der *Royal Navy*.

In den 20er-Jahren arbeitete *West* als Journalist für verschiedene Londoner Zeitungen und heiratete in jener Zeit die Hobbymalerin *Mary Coghlan*.

Politisch war West ein Liberaler und arbeitete zeitweise – nach dessen Amtszeit – für *David Lloyd George*, einen bedeutenden Premierminister. Konfessionell betrachtete sich Gordon West als Agnostiker. Deutlich wird seine Ablehnung gegenüber jeder Art von Aberglauben und religiösem Fanatismus z.B. in der kritischen Äußerung zur Legende des Klosters Lluch.

Seine Leidenschaft fürs Reisen äußert sich im vorliegenden Buch und einem weiteren Bericht *Per Bus in die Sahara*. Stark am Herzen muß ihm das Rauchen gelegen haben, denn er schrieb gleich drei Veröffentlichungen zu diesem Thema: *Alles über Zigarren*, *Alles über Pfeifen* und *Die Geschichte des Rauchens von Elisabeth I bis Elisabeth II*.

Als typischer Gentleman gehörte *Gordon West* einem der altehrwürdigen Londoner Clubs an, dem *Savage Club*. Dort verbrachte er einen großen Teil seiner Zeit in den von ihm ehemals so belächelten muffigen Ledersesseln – vor allem nach dem Tod seiner Frau, der *Fee der Freude*, der ihn zutiefst erschüttert haben muß.

Er starb weitgehend vereinsamt und vergessen im Jahre 1969, von nur zwei Bekannten als einzigen Teilnehmern seiner Beerdigung zu Grabe getragen.

NEUERSCHEINUNG HERBST 1997
Robert Graves
GESCHICHTEN AUS DEM ANDEREN MALLORCA

Robert Graves, (1895-1985), Schriftsteller und Dichter von Weltgeltung, lebte und schrieb insgesamt über 50 Jahre auf Mallorca. Berühmtheit erlangte er u.a. mit seinen Claudius-Romanen.

Don Roberto, wie ihn die spanischen Freunde und Nachbarn im Künstlerdorf Deiá respektvoll nannten, war ein wachsamer Beobachter der Verhältnisse seiner Wahlheimat. In seinen zeitlosen Geschichten aus dem anderen Mallorca, die jetzt zum ersten Mal in deutscher Übersetzung erscheinen, entwirft er mit wohlwollender Ironie ein Bild der Insel und ihrer Bewohner abseits der touristischen Sphären.

Jede dieser Geschichten zeichnet sich durch kuriose Begebenheiten aus: Da gibt es abergläubische Stierkämpfe(r), fünf verrückte Paten bei einer verunglückten Kindstaufe, rätselhafte Todesfälle durch schwarze Magie, Wirbel um einen amerikanischen Filmstar, die mysteriöse Reise einiger treuherziger Dorfbewohner nach London und vieles mehr.

Gemeinsam ist allen Erzählungen, daß sie den Leser auf hohem Niveau bestens unterhalten und überraschende Einblicke in Mentalität und Lebensart der Mallorquiner gewähren. Dieses Buch ist ein Muß für jeden, der Mallorca wirklich kennenlernen will.

ISBN 3-89662-161-0; ca. 200 Seiten mit Illustrationen; 29,80 DM

Herbert Heinrich
MALLORCA
Ein Buch für Eltern und Kinder

Der Autor gibt in diesem Buch Anregungen, wie Eltern mit Kindern ihren Mallorcaurlaub gestalten können. Dabei vermittelt er viel Wissenswertes über die Insel, ihre Historie, Flora und Fauna. Die Kapitel sind **reich illustriert** mit Zeichnungen; die Geschichte Mallorcas in Bildern ist farbig gestaltet

Auflage 1997   ISBN 3-89662-158-0
204 Seiten; 24,80 DM

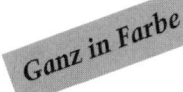
Ganz in Farbe

Hans-R. Grundmann

MALLORCA

Das Handbuch für den optimalen Urlaub

Ein kritischer Reiseführer, speziell konzipiert für die liebste Ferieninsel der Deutschen. Er zeigt Mallorcas Licht und Schatten und sagt, wo und wie man die Schokoladenseiten findet.

Dieses Buch kommentiert und wertet alle Ferienziele auf der Insel und gibt über 150 kommentierte Hoteltips mit Veranstalternamen. Zur individuellen Inselentdeckung findet der Leser 14 Routenvorschläge für Tagesausflüge mit tabellarischen Übersichten zu Sehenswürdigkeiten, Buchten und Stränden, Museen, Märkten, Restaurants und Picknickplätzen. **Besondere Kapitel sind den kulinarischen Genüssen** (samt originalen Rezepten aus Mallorcas Küche) und **Poeten und Schriftstellern gewidmet**, die auf Mallorca gelebt und geschrieben haben.

480 + 48 Seiten mit 55 eigens für dieses Buch angefertigten Farbkarten, davon 8 Wanderkarten, und über 250 Fotos. Unterkunftsempfehlungen in 48 Ferienorten mit aktuellen Kostenbeispielen. **Separate Straßenkarte der Insel und Stadtplan Palma mit kulinarischem Kurzlexikon. Neuerdings mit Extraheft Wandern+Natur.**

ISBN 3-89662-156-4; Preis: 36,80 DM

Reise Know-How Verlag Dr. Hans-R. Grundmann GmbH
Heinrich-Schwarz-Weg 36   27777 Ganderkesee-Steinkimmen

193